Peter Dunsch · Super Tipps vom Bär mit Grips

Hallo, Kinder, liebe Leser,

als der berühmte Bärlook Holmes muss ich jetzt das sogenannte Vorwort schreiben. Das ist in jedem guten Buch so und deshalb fange ich einfach an. Zuerst stelle ich euch mal meinen Erfinder vor, den Zeichner und Texter. Er heißt Peter Dunsch und grübelt gerade über neue Ideen. Freunde nennen ihn Pedu. Wenn ich jetzt Pedu schreibe, wisst ihr gleich, wer gemeint ist. Pedu hat viele Jahre bei der Feuerwehr gearbeitet. Dann wechselte er zur Polizei. Da hatte er sogar eine richtige Uniform mit grüner Mütze. Die hat er jetzt aber nicht mehr. Weshalb? Aus ihm ist ein Kriminalist geworden. Diesen Werdegang spürt ihr auch beim Lesen der Geschichten. Sie beschäftigen sich hauptsächlich mit Fragen eurer Sicherheit. Wie kann man sich verhalten, um nicht Opfer einer Straftat zu werden? An was sollte man denken, um nicht selbst eine Straftat zu begehen? Dann gibt es noch die Tücken des Alltages. Was ist beim Radfahren wichtig? Auf was ist im Freibad zu achten?

Die Gefahr, mal Opfer oder sogar Täter zu werden, ist gar nicht so gering, wie man oft denkt. Verratet es ihm bitte nicht weiter, ich weiß zum Beispiel, dass auch Pedu so mit acht oder neun Jahren mal beim Ladendiebstahl erwischt wurde. Es gab sogar Tage, da spielte er den Raufbold Kai Löwe. Nur, weil es die Freunde aus seiner Gruppe so von ihm erwarteten. Ja, so etwas passiert. Das Leben ist so aufregend und vielseitig, dass man schnell mal eine falsche Entscheidung trifft. Selbst die Minister und andere Berühmtheiten waren und sind nicht immer ganz ehrlich.

Ich will damit sagen: Fehler sind nicht schön, aber auch normal auf dem holperigen Wege vom Kind zum Erwachsenen. Erwachsene sind ja auch nicht immer die besten Vorbilder. Wichtig ist aber, aus Fehlern zu lernen, sie nicht zu wiederholen, bei häufigeren Problemen rechtzeitig die Kurve zu bekommen.

Ich sage mir immer, tue nichts, was ich von anderen selbst nicht ertragen möchte. Wenn sich jemand an meinem Fahrrad oder meiner Sammlung von Modellflugzeugen vergreift, dann bin ich reichlich sauer. Mein Nachbar hängt gewiss genau so an seiner Matchbox - Autoserie. Gut, manches dieser Autos könnte mir auch gefallen. Aber da ich weiß, wie mich der Verlust eines Flugzeugmodelles betrüben würde, komme ich gar nicht auf die Idee, meinem Nachbarn einfach eines seiner Autos zu ......!

Nachdenken ist also recht hilfreich. Das gilt auch, wenn man glaubt, dem Anderen auf die Nase boxen zu müssen. Mal ehrlich, wer wünscht sich denn selbst eine platt gedrückte Nase?

Gibt es mal Kummer oder Sorgen: Ihr habt Eltern, Freunde, Lehrer.ˣ Sprecht die Dinge an. Gemeinsam wird sich immer eine Lösung finden. Reden ist Gold, Schweigen nur Blech.

ˣ(jetzt hätte ich fast Oma und Opa vergessen!)

Euer Bärlook Holmes

Welche Geschichte möchtest du lesen?

1. **Familie Bär und noch mehr**
   Seite 7

   Hier stellt sich die Familie vor, die Eltern Renate und Peter Bär sowie die Kinder Steffi, Felix und Andy. Und ihr lernt auch gleich paar Freunde der Kinder und andere Bewohner von Mausewitz kennen.

2. **Fremder Besuch**
   Seite 11

   Die Bärenkinder zeigen, wie man sich an der Wohnunstür und am Telefon verhalten sollte.

3. **Im Kaufhaus**
   Seite 16

   Fred Geier wird nicht zum Ladendieb. Und das ist gut so.

4. **Keine Gewalt**
   Seite 21

   Weshalb ist Kai Löwe so ein gewalttätiger Raufbold?  Wird sich Kai Löwe ändern?

5. **Auf Nummer sicher**
   Seite 26

   Familie Bär stellt das verkehrssichere Fahrrad und die Möglichkeiten seines Schutzes vor Diebstahl vor.

6. **Stoppt Lodrian**
   Seite 32

   OBÄRbrandmeister Fax spricht über die Geschichte des Feuers sowie über wichtige Brandschutzregeln und prüft am Ende euer Wissen.

7. **Der Tunichtgut**
   Seite 43

   Uwe Panther randaliert und zerstört fremde Sachen. Doch wer trägt eigentlich den Schaden, ist Sachbeschädigung sinnvoll?

8. **Nein heißt Nein**
   Seite 47

   Steffi Bär und Anja Maus erzählen, wie man sich bei der Gefahr des sexuellen Missbrauchs verhalten sollte.

9. **Sehnsucht**
   Seite 52

   Was ist Sucht, wo lauern Suchtgefahren? Doktor Arno Sachs hilft und klärt die Kinder auf.

10. **Die Fahrradtour**
    Seite 59

     Felix Bär und Eick Hase sind mit dem Fahrrad unterwegs und vermitteln wichtige Regeln für Radfahrer.

11. **Vorsicht: Räuber**
    Seite 62

    Eick Hase und Heiko Wurm werden beraubt. Wie verhält man sich in der Situation richtig?

12. Helfer bei Gefahr und Not
Seite 68

Wann und wie werden die Feuerwehr, die Polizei oder der Rettungsdienst gerufen! Toni gibt gute Hinweise zur Gefahrenabwehr rund um die Eisenbahn.

13. Gefahr Eisenbahn
Seite 74

14. Im Freibad
Seite 80

Die Bärenkinder gehen Baden und weisen dabei auf alle wichtigen Regeln hin, die zu beachten sind.

15. Die Feuerwehr
Seite 86

Hier erfahrt ihr alles über die Feuerwehr und über ihre Aufgabe.

16. Etwas anders
Seite 92

Das Pinguinmädchen Tanja kommt vom Südpol und hat deshalb Kummer in ihrer neuen Schule.

17. Die Polizei
Seite 98

Die Polizei stellt sich vor. Es ist erstaunlich, wie viele Aufgaben die Polizei wahrnimmt.

18. Schmierfinken
Seite 106

Fritz Fink und Uwe Panther machen die Erfahrung, dass das Beschmieren und Zerkratzen fremder Sachen eine reichlich dumme Sache ist.

19. Hannes Hamster
Seite 113

Das ist die Geschichte von einem kleinen, aber großen Dieb und seiner Entdeckung mit Folgen.

20. Wichtig und richtig
Seite 119

Eick Hase ist wie Oma Ente ein kleiner Pechvogel. Er wird im Park beraubt. Doch mit seiner Hilfe werden die Räuber gefasst.

21. Advent, Advent, ein Lichtlein brennt
Seite 125

Hier findest du Hinweise zum Thema Brandschutz in der Weihnachts- und der Winterzeit.

22. Im Internet
Seite 132

Ihr bekommt zusammen mit Heiko Wurm wichtige Tipps zum sicheren Umgang mit dem Internet.

23. Knallfrösche
Seite 137

Jahreswechsel, Silvestertrubel! Hier gibt es guten Rat für den gesunden Start ins neue Jahr.

24. Was tun?
Seite 143

????? Fünf sehr unterschiedliche Kurzgeschichten warten auf deine Entscheidung. Was ist zu tun?

25. Bärlook Holmes stellt Fragen
Seite 149

Hier zeigt sich, wer was gelernt hat. Bärlook Holmes wünscht viel Spaß dabei und weiß: Du findest die richtige Antwort.

Familie Bär und noch mehr

Es gibt viele Märchen und Geschichten,
die euch über Bären was berichten.
Auch dienten Bären wohl schon immer
als Knuddelfreund im Kinderzimmer.
Und das ein Gummibärchen schmeckt,
habt ihr gewiss schon selbst entdeckt.

Hier seht ihr ganz besondere Bären,
die nützliches für das Leben lehren.
Sie zeigen euch, in Kurzgeschichten:
Wie schützt man sich vor Bösewichten;
was soll man tun, was soll man meiden,
um keinen Kummer zu erleiden.

„Herr Bär, wie hier zu sehen ist,
versieht den Dienst als Polizist
und hat, für unsere Sicherheit,
so manchen guten Rat bereit.
Was er sagt, gilt ganz allgemein
und kann für jeden nützlich sein".

Seine Frau, die heißt Renate.
Hier liest sie gerade Inserate
für ihren Job in dem Büro
der Firma Schneckenhaus & Co.!
Trotz Arbeit wie ein Besenbinder
nimmt sie sich Zeit für ihre Kinder.

Familie Bär und noch mehr

Zur Schule eilt die Steffi Bär.
Das Fach Deutsch, das mag sie sehr.
Gut schreiben können, das ist sehr wichtig;
wer viel liest, versteht die Welt erst richtig.
Steffi tauscht gern' Gedanken aus
mit ihrer Freundin Anja Maus.

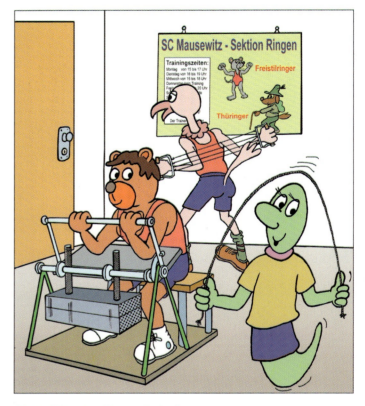

Felix Bär, der hier trainiert,
ist am Sport sehr interessiert.
Von seinen Schulfreunden sind zwei
bei diesem Training mit dabei.
Wir sehen den Heiko Wurm beim Springen
und Fred Geier am Expander ringen.

Der Andy hat die Zeit genutzt
und seine Zähne sich geputzt.
Das macht der Andy dreimal täglich;
er behandelt seine Zähne pfleglich.
Er ist der Kleinste, wie ihr es seht.
Klar, dass er noch nicht zur Schule geht.

Kai Löwe und der Eick Hase sind
Freunde von Felix, dem Bärenkind.
Und noch ein weiterer Bekannter
spielt Handball mit, der Uwe Panther.
Kai und Uwe wirken gar nicht übel;
nur manchmal sind sie kleine Rüpel.

Familie Bär und noch mehr

Jetzt stellt euch Bärlook (mit Humor)
noch andere Bewohner vor.
„Ich fange mit Theo Tiger an,
da man ihn nur selten kann.
Als durchtriebener Bösewicht
scheut Theo meist das Tageslicht!"

„Der Lehrer Eule ist gescheit,
stets freundlich und auch hilfsbereit.
Die Arbeit folgt ihm bis nach Hause.
Ich gönne ihm deshalb die Pause,
zumal schon deren Ende droht.
Frau Eule ruft zum Abendbrot."

„Klar gibt es noch viel mehr Personen,
die in dem kleinen Städtchen wohnen.
Was Fritz Fink und Hannes Hamster treiben,
das sollte wohl besser unterbleiben.
Ihr lernt die beiden Typen später kennen.
Erst will ich euch noch and're nennen."

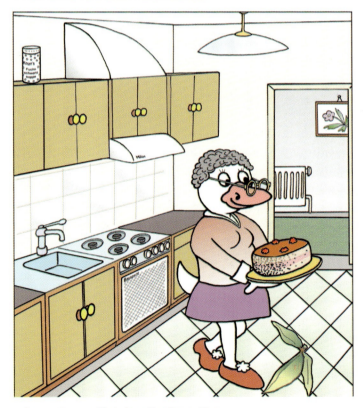

„Stets freundlich ist die Oma Ente.
Sie lebt so leidlich von der Rente,
denkt an die Jugend gern zurück
und hat im Leben nicht nur Glück.
Hier fällt sie wohl gleich auf den Bauch.
Pechvögel, die gibt es auch."

Familie Bär und noch mehr

„Auch Tanja Pinguin, ein Mädchen,
wohnt seit kurzen in dem Städtchen.
Sie ist nicht in Mausewitz geboren,
fühlt sich jetzt einsam und verloren.
Doch mehr will ich zunächst nicht nennen.
Ihr lernt Tanja ja bald selber kennen."

„Über den Nachbarn der Familie Bär,
den Arno Sachs, hört ihr noch mehr.
Als ein Adler voller Disziplin
studierte der Arno Medizien
und wird uns später Hilfe geben
mit Tipps, damit wir sicher leben."

„Der Trubel zeigt, dass eine Stadt
allerhand Bewohner hat.
Deshalb kann ich nicht jeden nennen.
Lest selbst, dann lernt ihr noch mehr kennen.
Mal sehen, ob ihr mich entdeckt.
Ich habe mich hier gut versteckt."

Ein Problem, unüberwindbar,
Mausewitz ist unauffindbar
im Atlas. Doch das soll gewiss so sein,
das Buch gilt nicht für einen Ort allein.
Fast alle Geschichten, durch die wir jetzt wandeln,
könnten auch in Berlin, Köln, Erfurt handeln.

Fremder Besuch

Belustigt schauen hier die Kinder.
Peter Bär kämpft mit dem Binder.
Die Mutter schminkt sich das Gesicht,
dann hören wir, was sie noch spricht.

„Ich gehe heut' mit eurem Vater
für drei Stunden ins Theater.
Denkt daran: Ihr bleibt allein.
Seid achtsam und lasst keinen rein!"

Nachbar Sachs erhält Bescheid
und erklärt sich gern bereit,
besonders aufmerksam zu sein.
Er weiß, die Kinder sind allein.

Eine Weile ist vergangen schon,
da meldet sich laut das Telefon.
Felix sagt „Hallo!", wartet dann,
damit der And're sprechen kann.

Fremder Besuch

Nur den Anrufern, die er kennt,
der Felix seinen Namen nennt.
Bei Fremden sagt er unumwunden:
„Es tut mir sehr leid - falsch verbunden!"

Am Telefon wird nichts gesagt,
wenn euch ein Unbekannter fragt.
Am anderen Ende, prägt es euch ein,
könnte ja ein schlimmer Gauner sein.

Rudolf ist solch' „schwarzes" Schaf
und alles andere als brav.
Er liebt es, andere zu necken
oder sie gar zu erschrecken.

Wenn Rudolf Langeweile hat,
wählt doch dieser Fiesling glatt
wahllos irgendeine Nummer
und weidet sich an fremden Kummer.

Fremder Besuch

Hier belügt er Oma Maus:
„Ihr Mann, der liegt im Krankenhaus!"
Die Oma weiß, das kann nicht sein.
Was der Rudolf treibt, ist sehr gemein.

Deshalb ist Vorsicht angebracht,
sie schützt vor solcher Niedertracht.
Das gilt auch, wie wir gleich sehen,
wenn Fremde vor der Wohnung stehen.

Wer ist das, der durch Klingeln stört?
Der Felix läuft, als er es hört,
zum Öffnen in den Korridor.
Doch Steffi kommt ihm knapp zuvor.

Gut war das, wie man sehen kann,
denn draußen steht ein fremder Mann.
Steffi sieht: Den kenne ich nicht!
Beachtet, was das Mädchen spricht!

Fremder Besuch

„Die Eltern ruhen sich heut' aus
und wünschen nicht Besuch im Haus.
Vom Vater habe ich vernommen,
Sie sollen morgen wieder kommen!"

Egal, was jetzt der Fremde spricht,
Steffi weiß, sie öffnet nicht.
Auch auf irgendwelche Fragen
wird sie keine Antwort sagen.

Arno Sachs hat es auch vernommen.
Zu Hilfe muss er hier nicht kommen.
Nur zur Sicherheit stellt er noch fest,
ob der Fremde auch das Haus verlässt.

„Man macht die Tür nicht achtlos auf!",
erklärt die Steffi gleich darauf.
„Dass wir allein sind", sagt sie dann,
„geht einem Fremden gar nichts an."

Fremder Besuch

„Egal, um was es dabei geht,
wir wissen nicht, wer draußen steht.
Ein Kind lässt niemals Fremde rein.
Das kann nur das Recht der Eltern sein."

„Ob Klempner, Postfrau, Polizist:
Bei jedem, der ein Fremder ist,
soll'n auch Erwachsene aufpassen
und sich den Ausweis zeigen lassen!"

Das bestätigt auch der Vater später!
Er sagt: „Oft wirkt so ein Übeltäter
auf uns zunächst als frommes Schaf,
damit wir denken, er ist brav."

„So mancher wird ganz unverhohlen
von fremden Gästen bös' bestohlen!
Und auch vor schlimmeren Gefahren
kann kluge Vorsicht uns bewahren!"

Im Kaufhaus

„Aus Anlass der Geburtstagsfeier
vom Freund des Felix, Freddi Geier,
sehen wir die zwei zum Kaufhaus laufen.
Fred will noch ein paar Dinge kaufen".

Für die Spiele kleine Preise,
Luftballons, fünf rote und drei weiße,
noch diesen Farbstift, gleich daneben!
Schon ist das Geld auch ausgegeben.

Und während sie noch etwas schauen,
will Fred den Augen nicht mehr trauen.
Das süße Glücksschwein, rosig, fein,
das fehlt ihm noch. Das muss es sein!

Jedoch verflixt, das Geld ist alle.
Was macht man da in solchem Falle?
„Mein Gott, das Schweinchen ist so klein",
denkt Freddi, „das steck' ich mir ein."

Im Kaufhaus

„Bin ich nicht eigentlich ein Held,
wenn ich was nehme ohne Geld?
Bin ich nicht mutig, kühn und lecker,
ein Kerl wie Arnold Schwarzenbäcker?"

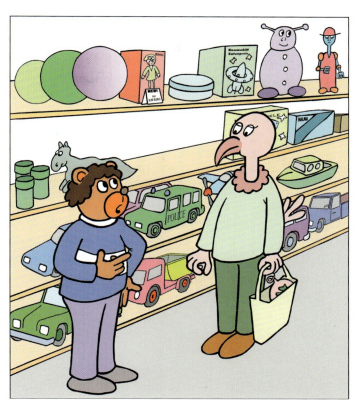

Zum Glück hat Felix das gesehen.
Er äußert sich gleich zum Geschehen.
„Lege das Schweinchen rasch zurück.
Gestohlenes - das bringt kein Glück!"

„Ladendiebstahl, mach's dir klar,
stellt immer eine Straftat dar.
Klauen geht auch meistens schief
durch den Kaufhausdetektiv."

„Stell' dir vor, der Luchs hat aufgepasst
und dich als Ladendieb gefasst.
Du musst mit in sein Zimmer kommen,
eine Anzeige wird aufgenommen."

Im Kaufhaus

„Danach kannst du nicht einfach gehen.
Luchs wird fest darauf bestehen,
dass deine Eltern dich abholen.
Das ist bei Kindern so empfohlen."

„Wenn deine Eltern nicht erreichbar sind
ruft Luchs die Polizei geschwind.
Die muss nach einer Lösung streben
und dich den Eltern übergeben."

„Dann mach' mal deinen Eltern klar,
dass dein Diebstahl mutig war.
Das werden sie ganz anders sehen.
Weshalb? Das wirst du gleich verstehen."

„Wer bezahlt den Diebstahlsschaden?
Die Verluste werden von dem Laden
dann auf die Preise aufgeschlagen.
Die Folgen müssen alle tragen!"

Im Kaufhaus

„Ist das Stehlgut noch so klein,
bringt es großen Ärger ein.
Häufig wird ein Hausverbot
für den Dieb noch angedroht."

„Stell dir vor, der Diebstahl spricht sich rum.
Klatsch und Tratsch sind zwar sehr dumm,
doch peinlich klingt, was man dann hört,
denn das Vertrauen ist gestört!".

Auf dem Heimweg gibt Fred Felix Recht:
„Ich halte Diebstahl auch für schlecht.
Ich weiß noch, wie mein Vater schaute,
als man die Autoreifen klaute."

Bei Familie Bär gilt es, dass man
über alle Dinge sprechen kann.
Deshalb vertraut auch Felix dann
das Erlebnis seiner Mutter an.

Im Kaufhaus

Renate Bär sagt: „Sieh dir an,
wie Ladendiebstahl enden kann.
Selbst wenn den Richter hier das Mitleid packte
bleibt der Eintrag DIEBSTAHL in der Akte".

„Oder denke an Theo Tiger,
bei Straftaten der PUNKTESIEGER.
Er hat stets betrogen und geklaut,
seine Zukunft sich ver(s)baut".

Zum Abschluss lobt sie seine Tat,
erteilt Felix noch den klugen Rat:
„Ein guter Freund gibt darauf Acht,
dass der andere nichts Dummes macht!"

Am nächsten Tag, im Haus der Geier,
läuft dann Fred's Geburtstagsfeier,
der sich freut und nicht vergisst,
dass er kein Dieb geworden ist.

Keine Gewalt

Gewalt mag Felix Bär nicht leiden!
Nicht jeder Streit ist zu vermeiden;
doch Probleme lassen sich nur lösen
mit Verstand und Einsicht - nicht im Bösen.

Kai Löwe geht in seine Klasse
zur Schule in der Rabengasse.
Kai ist sehr kräftig und zeigt uns stolz
seine Muskeln, fest wie Eichenholz.

Um seine Stärke zu beweisen,
will er Eick Hase niederreißen.
Besonders bei den Kleinen, Schwachen,
scheint es dem Kai viel Spaß zu machen.

Freund Felix sieht's mit Unbehagen,
kann solches Handeln nicht ertragen.
Er sagt: „Dein Treiben find' ich dumm!"
Doch Kai, der kümmert sich nicht d'rum.

Keine Gewalt

Kai rempelt Jutta Erpel an,
nur weil sie besser schwimmen kann.
Wenn Jutta dann zu Boden fällt,
fühlt Kai sich wie ein Fernsehheld.

Den Heiko Wurm misshandelt er,
der leistet keine Gegenwehr.
Weshalb ist Kai Löwe so gemein?
Kann Film und Fernsehen ein Grund sein?

Kai sieht täglich nur Gewalt und Streit.
Seine Eltern nehmen sich nicht Zeit
für ein Gespräch mit ihrem Kind,
dass solche Filme nutzlos sind.

Vater Löwe ist bei Zwistigkeit
selbst schnell zur Gewalt bereit.
Sein Handeln hier, das ist nicht fein.
So kann er Kai kein Vorbild sein.

Keine Gewalt

Ist sein Vater ärgerlich,
wird er sehr schnell handgreiflich.
Die Folge ist, Kai Löwe denkt,
dass Muskelkraft das Leben lenkt.

Und so fühlt sich der Kai im Recht
auch gegenüber Torsten Specht.
Doch Torsten flieht, lässt sich nicht schlagen;
er wird es dem Lehrer Eule sagen.

„Bin ich ein Feigling, weil ich floh?"
„Nein", sagt Herr Eule, „sieh es so:
Gesundheit ist vor allem wichtig;
Gefahr vermeiden ist stets richtig!".

„Gewalt anzeigen ist kein Petzen",
sagt Eule, während sie sich setzen
und über das Problem beraten.
Indes plant Kai die nächsten Taten.

Keine Gewalt

Vor Denia Luchs tut Kai sich zieren.
Ihr möchte er gern imponieren
und denkt, Denia hält ihn für mutig,
schlägt er des Hasen Nase blutig.

Kai irrt, wenn er sich mit Kraft anbiedert;
Denia ist davon angewidert
und steht Eick bei, der um Hilfe bat.
Aus Frust begeht Kai die nächste Tat.

Dem Jens Gnu wird der Arm verbogen
und schmerzhaft an dem Ohr gezogen.
Da tritt der sonst so friedliche Jens Gnu
aus Schmerz - in Notwehr - kräftig zu.

Blaues Schienbein, blauer Zeh,
beides tut wohl ziemlich weh.
Betroffen schaut der Kai einher
und hört jetzt auf den Felix Bär.

Keine Gewalt

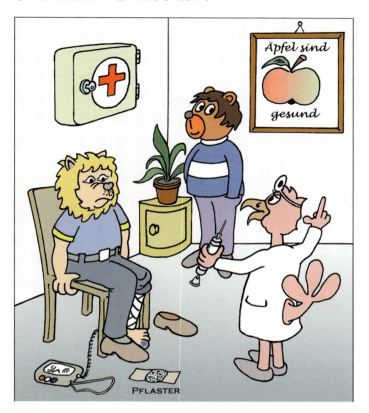

„Im Fernsehen wirkt Gewalt wie Scherz,
tatsächlich aber schafft sie Schmerz",
sagt Doktor Sachs. Und er hat Recht!
Anderen weh tun, das ist schlecht.

„Das Ergebnis solcher Prügelei:
Hier gingen Knochen gar entzwei!
Behandlung, Schmerzensgeld für Qualen
hat jetzt der Schuldige zurück zu zahlen."

„Gewalt, gewiss, das war einmal
der Alltag im Neandertal.
Doch beachtet bitte sehr,
wir sind keine Dinos mehr."

Ja, der „Groschen*" ist gefallen.
Kai entschuldigt sich bei allen.
Gewalt anwenden ist nicht gut
und keinesfalls Beweis für Mut.

*(jetzt Cent ?)

Auf Nummer sicher

Das Wochenend' mit Sonnenschein
lädt zum Fahrradausflug ein.
Damit nichts die Radtour trüben kann,
fängt jetzt die Vorbereitung an.

Was alles ist am Fahrrad wichtig?
Auf diesem Bild seht ihr es richtig.
Als verkehrssicher ein Rad nur zählt,
wenn keines dieser Teile fehlt.

Verkehrsregeln müssen sie kennen!
Die Mutter lässt sie sich hier nennen.
Zum Schluss erklärt sie jedem Kind,
wie nützlich Fahrradhelme sind.

Sie prüfen Luftdruck und das Licht,
vergessen die zwei Bremsen nicht.
Auch das Fahrradschloss wird nützen
und vor Fahrraddieben schützen.

Auf Nummer sicher

An diesem neu gekauften Rad
prüft Vater Bär ganz akkurat,
dass alle Schrauben ganz fest sitzen.
Man sieht, er kommt dabei ins Schwitzen.

Den Lenker stellt der Vater ein.
Er soll bequem und handlich sein.
Auch der Sattel für den Knaben
muss die rechte Höhe haben.

Zum Training, in der Sparte Ringen,
hat Felix vieles mitzubringen.
Damit er da sicher fahren kann,
schraubt der Vater den Behälter an.

Steffi sagt: „Die Polizei
bietet jetzt ganz kostenfrei,
und nutzbar auch für jedermann,
zum Fahrrad die Codierung an!"

Auf Nummer sicher

Die Eltern finden das ganz helle!
Sie fahren zur Beratungsstelle,
in der ein netter Polizist
dafür der Ansprechpartner ist.

„Richtig, die Codierungsnummer
bereitet Fahrraddieben Kummer.
Sie soll mit vor Diebstahl schützen
und dem Wiederfinden nützen."

„Deine Anschrift mit dem Namen
steht jetzt auf dem Fahrradrahmen.
Bei Kontrollen wird dann klar,
wer der Eigentümer war."

Sie vergessen auch nicht, dass
ein ausgefüllter Fahrradpass
nach wie vor ganz wichtig bleibt,
da er das Rad genau beschreibt.

Auf Nummer sicher

Die Kinder fahren in der Mitte.
Hier biegt man ab. Beachtet bitte
Handzeichen und den Blick der Bären,
die richtiges Verhalten lehren.

Der Bus hält an und wie wir sehen,
bleiben die Radler erstmal stehen.
Weshalb? Ihr wisst es, ihr seit helle.
Sie achten auf die Haltestelle.

Bei Gruppenfahrten und langen Strecken
ist es klug, Verbandszeug einzustecken.
So kann man bei den meisten
Missgeschicken Hilfe leisten.

Langfinger Elster schaut verdrossen.
Die Fahrräder sind angeschlossen.
Familie Bär ließ nichts zurück.
Hier hat der Dieb gewiss kein Glück.

Auf Nummer sicher

„Herr Erpel hält, wird euch ein Zeichen geben",
sagt Steffi, „dann könnt ihr den Ball aufheben.
Verhaltet euch danach gescheiter
und spielt auf der Wiese weiter!"

„Obwohl sie die Streifen mal erfand,
zeigt Frau Zebra hier nicht viel Verstand",
spricht Felix. „Es ist nicht nur beschwerlich,
sondern für Frau Zebra sehr gefährlich."

„Stopp", sagt Steffi, „siehst du es nicht,
das Auto verdeckt dir doch die Sicht!
Sich im Verkehr nicht zu gefährden,
heißt Sehen und gesehen werden."

Hier radeln sie, die klugen Leute.
Nichts trübt ihre Freude heute.
Sie haben alles das bedacht,
was ihren Ausflug sicher macht.

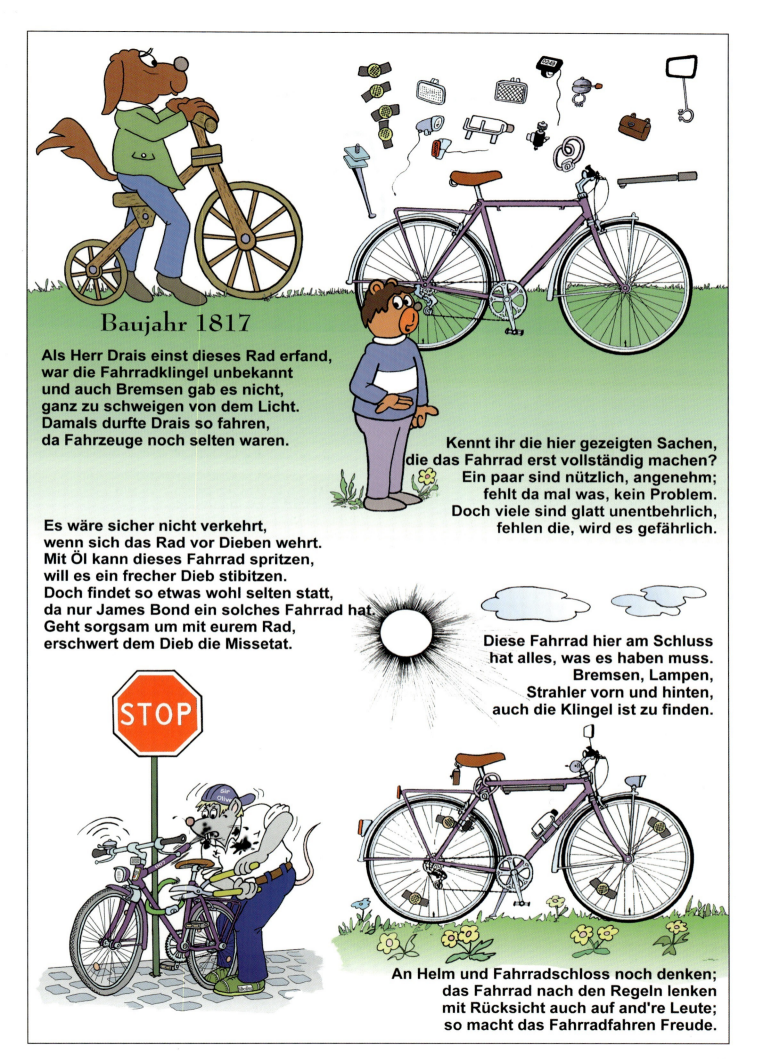

Stoppt Lodrian

Der herbei geeilte Doktor Sachs
sowie O**BÄR**brandmeister Fax
werden euch in den nächsten Bildern
brandschutzgerechtes Handeln schildern.
Fax, der stets hilfsbereite Bär,
ist Mitglied bei der Feuerwehr.

Sonntags, schon am frühen Morgen,
haben diese beiden Sorgen.
Opa Panther, noch in Strümpfen,
muss mit Enkel Uwe schimpfen:
„Feuerzeug und Kerzenlicht -
beides taugt zum Spielen nicht!"

„Was Opa sagt, das ist sehr wahr,
die offene Flamme birgt Gefahr!",
bestätigt Fax, der Wissen hat
durch manchen Brand in seiner Stadt.
„Das große Haus ist abgebrannt
durch Gokelei von Kinderhand."

„Zu des Feuers Eigenheiten
zählen seine beiden Seiten.
Es ist nützlich, unentbehrlich,
aber auch nicht ungefährlich.
Das ist schon früher so gewesen.
Ich werde es aus dem Buch vorlesen."

Stoppt Lodrian

Die Siedler im Neandertal,
in Fell gehüllt bis an die Ohren,
empfanden es als schlimme Qual,
wenn sie im Winter froren.
Der Frost biss fest in ihr Gesicht.
Sie kannten ja das Feuer nicht.

Doch eines Tages, Zwölf vor Acht,
geschah etwas - ihr glaubt es kaum.
Da hat es fürchterlich gekracht.
Ein Blitz! Er traf den Eichenbaum.
Ein jeder jetzt in Deckung geht,
weil der Baum in Flammen steht.

Nur der sehr weise Opa Bär
sah sich das Feuer aus der Nähe an
und rief die anderen: „Schaut mal her,
ich zeig', wie man sich wärmen kann.
Seid nicht ängstlich, lauft nicht weg.
Das Feuer hier dient gutem Zweck!"

Und dann entdeckte die Kuh Liese:
Mit etwas Mehl, zwei Kilo Knochen
und ein paar Kräuter von der Wiese
kann man 'ne tolle Suppe kochen.
Nützliches Feuer, wie wir es jetzt kennen,
das wollen wir künftig Flämmchen nennen.

Stoppt Lodrian

Flämmchen brennt stets kontrolliert
und wird zum guten Zweck entfacht.
Es heizt, damit niemand mehr friert,
es wird behütet mit Bedacht.
Flämmchen ist stets hilfsbereit,
handelst du sorgsam und gescheit.

Statt auf das Feuer aufzupassen,
wie es seine Pflicht wohl war,
schläft Faultier Franz - man kanns nicht fassen.
Er bringt hier alle in Gefahr.
Das Feuer, vorher hilfreich, gut,
entwickelt jetzt Zerstörungswut.

Zum Glück können sich alle retten.
Jedoch das ganze Hab und Gut
- Schränke, Spielzeug, Federbetten -
verbrennt in wilder Feuersglut.
Das Schadenfeuer Lodrian
ist ein schlimmer Grobian!

„Zwei Seelen stecken in dem Feuer",
erklärt hier Paulchen Pavian,
„das Gute und das Ungeheuer,
Flämmchen und der **Lodrian**.
Wir können mit dem Feuer sicher leben,
wenn wir **Lodrian** keine Chance geben."

Stoppt Lodrian

Flämmchen half dann überall,
beim Heizen, Backen, Schmieden,
beim Sprengen gar mit lautem Knall;
Flämmchens Kraft wirkt ganz verschieden.
Sie treibt Flugzeuge und Autos an,
wie man im Bild hier sehen kann.

Dort aber, wo man unbedacht
und sorglos mit dem Feuer handelt,
hat Flämmchen sich zum Brand entfacht,
zum schlimmen Lodrian gewandelt.
Ein solches Feuer richtet dann
oftmals großen Schaden an.

Jetzt folgen für euch ein paar Tipps,
die zeigen, dass mit etwas Grips
der Lodrian zu stoppen ist.
Das kleine Streichholz, wie ihr wisst,
kann Grund für einen Großbrand sein.
Deshalb greift Heiko Wurm hier ein.

Natürlich ist es nicht verkehrt,
dass man volle Aschenbecher leert.
Der Papierkorb aber ist,
wie ihr sicher alle wisst,
für den Zweck völlig fehl am Platz.
Felix erklärt es der Frau Spatz.

Stoppt Lodrian

Rauchen gilt aus gutem Grund
für schädlich und als ungesund.
Die Asche in verbrannten Betten
stammt oft nicht nur von Zigaretten.
Das Laster von dem Wolfgang Wolf
stoppt rechtzeitig sein Bruder Rolf.

Karl Löwes Handeln ist nicht gut!
Ein Funken Zigarettenglut
kann sehr schnell Wiesen, Sträucher, Fichten,
ja gar den ganzen Wald vernichten.
Wie gut, dass Bär, der Polizist,
hier zufällig zur Stelle ist.

Was nutzt der Löscher an der Wand,
ist er nicht bei Gefahr zur Hand?
So ist es auch sehr angebracht,
dass Arno Sachs hier Ordnung macht,
damit in dem Gefahrenfalle
der Löscher greifbar ist für alle.

Frau Bär kann Schaden hier verhindern.
Sie erklärt den beiden Kindern:
„Die Scheune, voll mit Heu und Stroh,
verbrennt sehr leicht ganz lichterloh.
Prägt euch deshalb ganz fest ein:
Die Scheune darf nie Spielplatz sein!"

Stoppt Lodrian

Um die Brandgefahr zu mindern
erklärt Frau Bär den größ'ren Kindern
die Bedienung vom Elektroherd.
So machen sie dann nichts verkehrt
und wissen, dass man bis zum Schluss
den Vorgang kontrollieren muss.

Das Reinigen mit Waschbenzin
ist ein ganz besonderer Spleen
von dem Klaus Kalb, der nicht versteht,
dass es dabei um sein Leben geht.
Zum Glück warnt ihn sein kleiner Sohn
und verhindert eine Explosion.

„Auf dem Boden off'nes Kerzenlicht?
Herr Hase, nein, so geht das nicht!"
Die heiße Flamme, das ist klar,
schafft hier große Brandgefahr.
Steffi holt, als kluges Kind,
die Taschenlampe ganz geschwind.

Durch Leichtsinn kann auch das geschehen,
was wir auf diesem Bild hier sehen.
Unheil hat er schon getan,
der Feuerteufel Lodrian.
Passieren kann das überall.
Was ist zu tun in solchem Fall?

Stoppt Lodrian

Rasche Hilfe bei Gefahr
mindert Schaden, das ist klar.
Zum Glück ist Felix hier zur Stelle
und er handelt auch ganz helle.
Mit der Nummer 1 - 1 - 2
ruft er die Feuerwehr herbei.

Natürlich ist er aufgeregt.
Doch was er spricht, ist überlegt.
Sein erster Satz ganz wichtig war:
„Hier sind Personen in Gefahr!"
Dann sagt er, WAS und WO es brennt,
damit der Fax die Stelle kennt!

Er wartet, bis in kurzer Frist
die Feuerwehr erschienen ist.
Felix nennt schnell das Brandgeschehen,
sagt das, das habe ich gesehen.
Klar, dass er dann zur Seite geht,
damit er nicht im Wege steht.

Felix spricht: „Ich lern' noch mehr
bei der Jugendfeuerwehr!".
Auch Mutter Bär sagt: „Geh' da hin,
so hat die Freizeit guten Sinn.
Die Anderen Hilfe gern gewähren,
das sind stets die besten Bären!"

Wer findet den Weg zur Einsatzstelle?

Wenn es um Minuten geht,
ist der kurze Weg sehr wichtig.
Wer sich verfährt - der kommt zu spät.

Helft Fahrer Fax,
ihr macht das richtig!

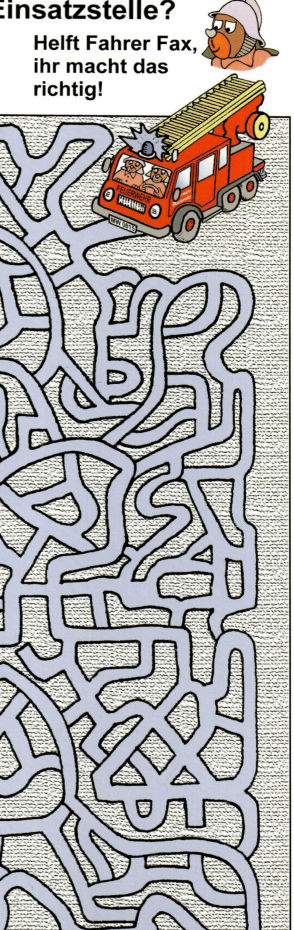

Friedrich Fuchs möchte aus dem Keller Holz für den Kamin holen. Was meint Steffi Bär dazu?

Kreuzt die richtige Lösung an!

○ Ich trage die Kerze für Sie, damit Sie die Hand frei haben!

○ Nehmen Sie eine Taschenlampe, die offene Flamme ist gefährlich!

○ Mit dieser kleinen Kerze können Sie nicht viel sehen. Ich hole für Sie eine größere Kerze.

Klaus Kalb will seine Lederjacke mit Benzin reinigen. Was sagt sein kleiner Bruder dazu?

○ Benzin wird immer teuerer, nimm lieber nicht so viel davon.

○ Gieße vorher etwas Wasser in die Schüssel, weil Benzin sich sonst leicht entzündet.

○ Das ist sehr gefährlich. Bringe deine Jacke in die Reinigung.

Maja Maus sieht, dass aus der Wohnung des Nachbarn Qualm quillt. Wen ruft sie an?

○ Die Oma Marta Maus!

○ Ihre Freundin Jutta!

○ Die Feuerwehr!

Was sollte Maja noch tun?

Richtig: Rasch die Wohnung verlassen und darauf achten, dass die Fenster und Türen geschlossen sind!

Die Kinder entdecken, dass die Scheune brennt. Wie werden sie handeln?

○ Sie werden sofort die Feuerwehr selbst verständigen oder Erwachsene dazu auffordern.

○ Sie rennen in die Scheune und versuchen das große Feuer selbst zu löschen. Sie haben viel Mut.

○ Sie spielen weiter Ball, denn es ist nicht ihre Scheune und sie haben das Feuer auch nicht entzündet.

Renate Spatz entleert den vollen Aschenbecher in den Papierkorb. Das ist:

○ Sehr richtig; Aschenbecher sollen regelmäßig leer gemacht werden.

○ Sehr gefährlich; noch vorhandene Glut der Zigarettenreste kann einen Brand verursachen.

○ Ungefährlich; Frau Spatz muss nur darauf achten, dass keine Asche daneben fällt.

Brandmeister Florian Bär erklärt hier den Kindern den Nutzen eines Rauchmelders. Rauchmelder sind nützlich, weil sie:

○ Genau anzeigen, wieviel Zigaretten in der Wohnung geraucht worden sind.

○ Mit ihrem blinkenden Licht ein preiswerter Raumschmuck sind.

○ Besonders in der Nacht durch ihren Alarm im Falle eines Brandes Leben retten können.

Auch auf dem Flugplatz, sonnenklar,
gehört die Feuerwehr zum Inventar.
Man braucht sie selten, doch im Fall der Fälle
ist sie hilfsbereit sofort zur Stelle.

Schaut euch das Bild sehr gründlich an.
Sicherlich erkennt ihr dann,
dass der Zeichner hier geflunkert hat.
Was stimmt nicht auf diesem Blatt?

Der Tunichtgut

Der Fahrplan ist herausgerissen,
auch die Scheiben sind zerschmissen.
Sachs ist hier mit Recht empört
und fragt sich: Wer hat das zerstört?

Auch hier wird viel kaputt geschlagen.
Das bereitet Steffi Unbehagen.
So handelt ganz gewiss nicht jeder.
Wer sind sie, diese Übeltäter?

Ein solcher „Held" ist Uwe Panther,
der nimmt gern alles auseinander.
Er denkt nicht nach, wem das gehört,
was er aus Übermut zerstört.

Der Uwe denkt sich nichts dabei
und schießt das Haustürlicht entzwei.
Die Folge: Jetzt fehlt hier das Licht,
Oma Ente sieht die Stufen nicht.

Der Tunichtgut

Ist es reiner Übermut
oder schon Zerstörungswut,
wenn Uwe hier ganz ungeniert
diese Parkbank ruiniert?

Auf Steffi hört der Uwe nicht,
die deshalb mit Kai Löwe spricht,
damit sie bei ihm Hilfe findet
und er das Toben unterbindet.

„Was du hier treibst hat keinen Sinn!
Die Bank stellst du gleich wieder hin.
Dann wirst du das Papier auflesen,
sonst bist du mal mein Freund gewesen!"

Oft hilft schon ein beherztes Wort
zum Täter gleich am Handlungsort.
Lässt er jedoch sein Tun nicht sein,
so schaltet fremde Hilfe ein.

Der Tunichtgut

Hier hat Uwe Willhelm Tell gespielt.
Sein straffer Schuss traf wohl gezielt
und zerstörte die Laterne.
Das sieht Denia Luchs nicht gerne.

„Du bist ein dummer Tunichtgut,
so etwas bringt mich in Wut.
Was denkst du denn, wer am Schluss
den Schaden hier bezahlen muss!"

„Ja, du hohler Superheld,
bezahlt wird das vom Steuergeld.
Auch dein Vater muss sich, an Werktagen,
wie ein Roboter dafür abplagen".

Nicht jeder Schaden, der entsteht,
war so gewollt, wie ihr gleich seht.
Auch unabsichtlich kann's passieren,
dass Sachen ihren Wert verlieren.

Der Tunichtgut

Bei einer Pausenrempelei
geht der Gerätetisch entzwei.
All' das, was dort war abgestellt,
mit großem Krach zu Boden fällt.

„Wer tobt mit solchem Übermut?
Der Uwe, dieser Tunichtgut!"
Das stellt Schulleiter Geier fest,
der sich den Schaden melden lässt.

Der Schaden, der ist zu begleichen,
ließt Vater Panther mit Erbleichen.
Er redet streng auf Uwe ein,
dann sucht er den Versicherungsschein.

In diesem Fall hat der Uwe Glück.
Die Versicherung ersetzt das Stück,
da der Schaden hier ganz klar
nicht mutwillig verursacht war.

Nein heißt Nein

Steffis Freundin Anja Maus
sieht hier gar nicht glücklich aus.
Da ein Gespräch oft helfen kann,
vertraut sie sich der Freundin an.

„Herr Keiler, aus dem Nachbarhaus,
belästigt mich, mich kleine Maus.
Er will mir Geld und Spielzeug schenken.
Er sagt, ich soll nichts schlechtes denken."

„Sein neues Auto will er zeigen
und bat mich, zu ihm einzusteigen.
Es war schon spät, ich habe NEIN gesagt.
Doch was mache ich, wenn er wieder fragt?"

„Ich hab' schon etwas angenommen,
soll jetzt in Keilers Wohnung kommen.
Mein Gefühl sagt NEIN! Da droht Gefahr.
Bin ich schuldig, weil ich höflich war?"

Nein heißt Nein

„Du hast nicht Schuld", sagt Steffi ihr.
„Du gehst nicht hin! Jetzt werden wir
die richtige Entscheidung wählen
und deinen Eltern das erzählen."

„In Zukunft wirst du daran denken:
Von Fremden lässt man sich nichts schenken.
In fremde Autos steig' nie ein
und sag' beim kleinsten Zweifel NEIN!"

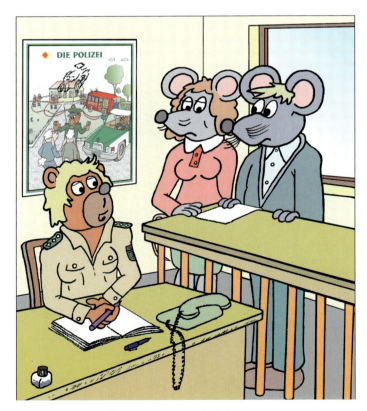

„Was Keiler will, ist undurchsichtig.
Ihr Weg zu mir war deshalb richtig",
sagt die Kontaktbeamtin Ines Bär;
„ich geh' dem Hinweis nach, dann weiß ich mehr!"

Das Thema, es berührt sie sehr,
jetzt fällt das Reden nicht mehr schwer.
Steffi tauscht mit Anja Maus
weitere Gedanken aus.

Nein heißt Nein

„Die Tante Erni denkt, es müssen
sie zur Begrüßung alle küssen.
Mir passt das nicht. Ich sage NEIN!
Das ist mein Recht. Sie lässt es sein."

„Im Sommer gehen wir nackt baden.
Da es gefällt, kann es nicht schaden.
Wenn Felix nicht mag, weil er sich ziert,
wird sein NEIN auch akzeptiert."

„Den Onkel Ralf, den möcht' ich meiden,
denn was er macht, kann ich nicht leiden.
Dass seine Hände nach mir fassen,
muss ich mir nicht gefallen lassen."

„Erteilt er dir dann Sprechverbot
und wird mit Strafe gar gedroht,
hab' keine Angst und handle richtig!
Mut zur Wahrheit ist ganz wichtig!"

Nein heißt Nein

„Wenn du nicht weißt, wie es weiter geht,
such jemanden, der dich versteht.
Gibt es Sorgen, hilft kein Schweigen;
Vertrauen gilt es dann zu zeigen."

„Vor manchen möglichen Gefahren
kann kluge Umsicht uns bewahren.
Herrscht in dem Park schon Dämmerlicht,
verlasse ich die Straße nicht!"

„Das Kind wollte, um Geld zu sparen,
per Anhalter zur Oma fahren.
Es kam niemals bei der Oma an;
der Fahrer war ein schlimmer Mann."

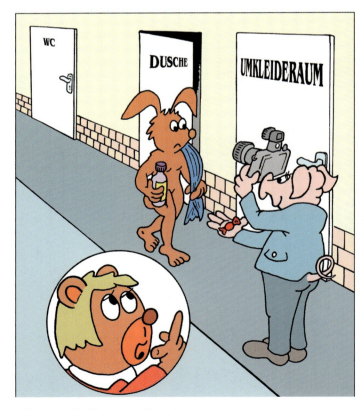

„Sogar die Kamera dient heute
als Werkzeug für solch schlechte Leute.
Egal, was man dir auch verspricht,
vertraue solchen Typen nicht!"

Nein heißt Nein

„Diese Videos des Siggi Schwein
sind nichts für Kinder. Ich sage NEIN!
Ich weiß, wie Ferkelchen entstehen
und will nicht Schweinereien sehen."

„Was wir hier besprochen haben,
gilt für Mädchen und für Knaben!
Dem Typ misstrauen diese beiden,
sie werden seine Nähe meiden."

Anja fragt: „Wo hast du das alles her?
Liest du die BRAVO oder and'res mehr?"
„Nein", sagt Steffi, „ich weiß das von zu Haus;
mit meinen Eltern spreche ich mich aus."

„Fällt der Anfang schwer, dann tut
ein Gespräch unter vier Augen gut.
So kann man sich leichter überwinden
und gemeinsam eine Lösung finden."

Sehnsucht

Für heute ist die Schule aus.
Die Kinder gehen jetzt nach Haus'.
Wir begleiten sie und wollen sehen,
was unter Freizeit sie verstehen;
wie sie den Tag für sich gestalten,
sich richtig oder falsch verhalten.

Kai schmeißt gleich alle Sachen hin,
er hat das Fernsehen nur im Sinn.
Ob „Batman", „A-Team", „Enterprise",
Kai ist auf alle Filme heiß.
Stört ihn jetzt wer, dann gibt es Zank.
Kai Löwe - du bist fernsehkrank.

Auch nachts träumt er von seinen Helden,
durchlebt nochmals die Flimmerwelten.
Früh kommt er kaum aus seinem Bett,
ist müde, bockig, gar nicht nett.
Doch nachmittags - er kann es nicht lassen,
Kai möchte keinen Film verpassen.

Jutta Erpel kann beim Essen
sich und die ganze Welt vergessen.
Sie nascht auch ständig, ohne Grund,
so wird sie langsam kugelrund.
Läuft mal was so, wie es nicht soll,
stopft sie sich mit Pralinen voll.

Sehnsucht

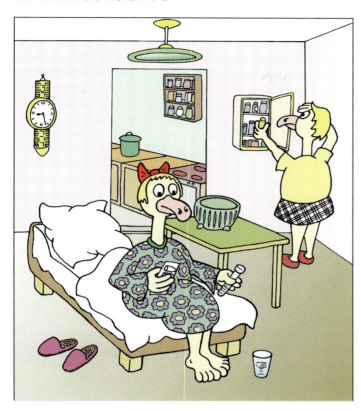

Derart gefüllt, fällt schlafen schwer,
deshalb muss jetzt ein Zäpfchen her.
Jutta meint, es hilft bestimmt,
wenn man viele Pillen nimmt.
Sie denkt, Tabletten braucht ihr Magen.
Doch - wird sie ständig das vertragen?

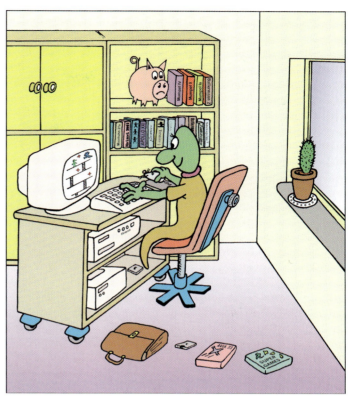

Kaum ist Heiko Wurm zu Hause,
läuft sein Computer ohne Pause.
Heiko kennt nur noch ein Ziel,
das neueste Computerspiel.
Sein Sparschwein ist dadurch ganz leer,
auch Freunde hat er keine mehr.

Nichts gegen das Computerspiel,
doch was zu viel ist, ist zu viel.
So zu sitzen, Stund' für Stund',
ist mit Gewissheit nicht gesund.
Deshalb, Heiko, sei gescheit,
nimm dir auch für dies' hier Zeit.

Sehr viele der Computerspiele
haben recht zweifelhafte Ziele.
Man soll „ballern", boxen, um im Spiel zu bleiben
und sich so gedankenlos die Zeit vertreiben.
Hier siegt Heiko, voller Stolz getränkt.
Doch zum Schluss ist nur die Zeit verschenkt.

Sehnsucht

Heiko will die Spielsucht überwinden
und eigene Ideen finden.
Hier entdeckt er eine Möglichkeit
für schöpferische Tätigkeit.
Er muss an sein leeres Sparschwein denken.
„Das lasse ich mir zum Geburtstag schenken!"

Und hier probiert es Heiko aus.
Ein Zeichenstift ersetzt die Maus.
Zum Zeichnen und Radieren
kann er den Stift leicht dirigieren.
Mit etwas Übung lassen
sich Ideen so in Bilder fassen.

Heiko hat die Spielsucht überwunden
und zu sich selbst zurück gefunden.
Das Malen stärkt sein Selbstvertrauen
und hilft, Kontakte aufzubauen.
So freut sich hier die Steffi Bär
über Heikos Glückwunschkarte sehr.

Steffi, die bewegt sich viel,
tobt sich aus bei Sport und Spiel.
Langweilig wird es ihr nie sein,
sie teilt sich ihre Zeit gut ein.
Sie weiß: Ob Lernen, Spielen, Baden,
nichts übertreiben schützt vor Schaden.

Sehnsucht

Zwischen Spiel, Sport und Schularbeiten
kann auch der Felix unterscheiden.
So darf er dann, was wir verstehen,
in Ruhe seinen Wunschfilm sehen.
Er hat schon viel getan zu Hause.
Gönnen wir ihm diese Pause.

Die Eltern von dem Florian
arbeiten bei der Eisenbahn.
Ihr Arbeitsweg, der ist sehr weit.
So haben sie auch wenig Zeit
für das, was ihre Kinder treiben,
die oft allein zu Hause bleiben.

Florians Bruder sehen wir hier,
den Marco. Der trinkt gerne Bier,
oft mehr, als er vertragen kann.
Wird er durch Alkohol zum Mann?
Marco schwankt, Marco lallt,
nur mühsam findet er noch Halt.

Wie handelt Florian jetzt richtig?
Der Marcus zeigt sich uneinsichtig,
als Florian sein Verhalten rügt.
Was tun, wenn das nicht genügt?
Schweigen ist zwar angenehm,
doch es löst nicht das Problem.

Sehnsucht

Alkoholgenuss im Übermaß
macht krank - da endet jeder Spaß.
Petzen? Florian überwindet diese Pein
und weiht im Gespräch die Eltern ein,
damit sie dem Marcus Hilfe geben
auf seinem Weg durch's weitere Leben.

Der Uwe Panther trifft sich hier
mit Ralf Biber und Bernd Stier.
Die Großen fühlen sich wohl im Rauch.
Uwe meint: „Das kann ich auch!"
Und wird es ihm dabei auch schlecht,
er will ein Kerl sein, jetzt erst recht.

Zigaretten kaufen kann er nicht.
So wird er jetzt zum Bösewicht.
Er denkt, wenn er sie stehlen kann,
erkennt man ihn als clever an.
Er hält sein falsches Ziel für Mut.
Wir wissen schon, das geht nicht gut.

Die Zigaretten kaum versteckt -
da wird der Diebstahl schon entdeckt.
Sein Jammern ist jetzt einerlei,
Herr Hamster ruft die Polizei.
Sie bringt nach Hause dann das Kind.
Klar, dass die Eltern sauer sind.

Sehnsucht

Natürlich bleiben diese Sorgen
auch Lehrer Eule nicht verborgen,
da er nach dem Unterricht
öfter mit den Eltern spricht.
Mit Vater Bär und Mutter Maus
tauscht er hier seine Meinung aus.

Um Kids vor Schaden zu bewahren
erklärt Herr Sachs die Suchtgefahren:
„Gesund leben ist sehr wichtig,
die Bärenkinder handeln richtig!
Um euer Wissen aufzuhellen,
könnt ihr mir jetzt noch Fragen stellen."

Marinas große Schwester geht
gern zur Disco, oft und spät.
Ihr Freund meint, sie soll sich nicht zieren
und einmal Drogen ausprobieren;
aus Neugier nur, damit sie sieht,
was danach mit ihr geschieht!

„Solch' Gift nimmt keiner in den Mund!
Jetzt nennt mir einen guten Grund,
weshalb man selbst durch den Genuss
das Gift der Drogen prüfen muss.
Dieses Gift ist unberechenbar,
am schlimmsten ist die Suchtgefahr."

Sehnsucht

„Erst 20 ist Björn Beutelmaus,
doch er sieht fast wie 80 aus.
Auch Björn begann mit dem Probieren.
Die Sucht zerstörte seine Nieren.
Jetzt ruht er hier im Krankenzimmer.
Dem Freund Molch erging es schlimmer!"

„Auch dies hier gehört zum Geschehen,
was wir leider öfters sehen.
Nach einer langen Discotour
kam Horst Hamster aus der Spur.
Eine Pille nur hat ihn berauscht
und zum ‚Schumi' aufgebauscht!"

Gelernt haben die Schüler viel.
Beraten wird hier mit dem Ziel,
auch andere Kinder zu erreichen,
da sich die Probleme gleichen.
Die Idee hat Anja Maus:
„Wir sammeln, basteln, stellen aus!"

Die Ausstellung wird hilfreich sein,
viel Wichtiges prägt sich so ein.
Den Kindern hilft sehr gern dabei
Bär Peter von der Polizei.
Die Ausstellung „GESUNDES LEBEN"
soll allen Kindern Hilfe geben.

Fahrradtour

Die warmen Sonnenstrahlen locken.
Heut' ist die Straße so schön trocken.
Mit Eick Hase war es ausgedacht,
dass man eine kleine Radtour macht.

Es ist gewiss gar nicht verkehrt,
dass Vater Bär nochmals erklärt,
was die Verkehrsschilder aussagen.
Kennt ihr sie auch? Habt ihr hier Fragen?

Die gewählte Fahrstrecke der beiden
wird dichten Autoverkehr meiden.
Klar, dass sie auf dem Radweg fahren;
das wird sie vor Gefahr bewahren.

Links und rechts gibt es viel zu sehen.
Doch viel wichtiger ist das Geschehen
auf dem Fahrweg. Hier muss man wachen,
weil auch andere mal Fehler machen!

Fahrradtour

So schafft hier René Fuchs Gefahr,
denn er nimmt nicht das Klingeln wahr.
Felix und Eick Hase werden ihm sagen:
„So darf man sich nicht auf die Straße wagen!"

Wie hier der Ingo Amsel fährt -
das ist doch ganz gewiss verkehrt.
Ein kleiner Stein, eine Bodenwelle -
und schon stürzt der Ingo auf der Stelle.

Zu Tommi Taube sagt Eick Hase:
„Du gehörst nicht auf die Straße!
Bis zum Alter von acht Jahren
musst du auf dem Gehweg fahren."

Es könnte sein, dass Rechtsabbieger Igel
die beiden gar nicht sieht in seinem Spiegel.
Deshalb, zur eigenen Sicherheit,
ist hier ein Blick nach links gescheit.

Fahrradtour

Auch dieses Handeln ist umsichtig.
Sie verhalten sich ganz richtig
bei dem Überqueren dieser Straße
in der grünen Ampelphase.

Fahrradschloss

In der Pause schmeckt das Eis,
weil jeder von den beiden weiß:
Mein Fahrradschloss gibt in der Zeit
vor Fahrraddieben Sicherheit.

Auch an der Gefahrenstelle
handeln beide Kinder helle.
Felix und Eick sind vom Rad abgestiegen,
weil auf dem Weg noch alte Schienen liegen.

Bei der Heimfahrt ist schon Dämmerlicht.
Deshalb vergessen es die Radler nicht:
Wenn alle Fahrradlampen ganz hell brennen,
wird sie jeder andere auch gut erkennen.

Vorsicht: Räuber

Der Schüler Heiko Wurm erhält
sein wöchentliches Taschengeld
für Schulspeise und Süßigkeiten.
Heiko lernt so schon beizeiten
den Wert des Geldes zu verstehen
und damit sparsam umzugehen.

Zwei „schlimme Finger" lauern hier!
Es sind Ralf Biber und Bernd Stier,
die beide sehr viel Geld verbrauchen
für Alkohol und für das Rauchen.
Was die üblen Burschen planen,
kann der Heiko noch nicht ahnen.

Jetzt geschieht, was man kaum glaubt.
Der Heiko Wurm wird ausgeraubt.
Sie fordern Geld, das sieht man hier.
Und schließlich droht noch der Bernd Stier:
„Wag's nicht, das jemandem zu sagen,
sonst werden wir dich wieder schlagen!".

Dass er nichts kauft, das wundert sehr.
Deshalb fragt ihn die Steffi Bär:
„Willst du zur Pause gar nichts essen?"
„Nein, ich hab' mein Geld vergessen",
sagt Heiko. Und dann bleibt er still,
weil er aus Angst nichts sagen will.

Vorsicht: Räuber

Auch der Mutter bleibt es verborgen.
Doch was macht er am nächsten Morgen?
Sein Geld ist weg, das Sparschwein leer.
So holt er Mutters Tasche her,
entnimmt ganz heimlich einen Schein;
das kann doch nicht die Lösung sein!

Es kommt dann auch, was kommen muss.
Die Räuber machen ja nicht Schluss
mit solchen schlimmen Missetaten,
wenn ihre Opfer nichts „verraten".
Sie halten wieder Heiko fest
und wieder wird sein Geld erpresst.

Weil er sich nicht mehr helfen kann,
vertraut er sich den Freunden an.
Die wollen Heiko früh begleiten
und sicher an sein Ziel geleiten.
Häufig kann schon dieses nützen
und vor solchen Tätern schützen.

Jedoch nur ein paar Tage später
sehen sie die gleichen Übeltäter,
die gerade Jutta Erpel schlagen.
„Wir müssen es den Eltern sagen
und uns an Lehrer Eule wenden,
um dieses Treiben zu beenden!"

Vorsicht: Räuber

Auf Lehrer Eule kann man bauen.
Ihm werden sie sich anvertrauen.
Der erläutert dann den Kindern:
„Um Erpressung zu verhindern
darf der Betroffene nicht schweigen.
Ihr müsst es der Polizei anzeigen!"

Zur Meldung bei der Polizei
sind auch die Eltern mit dabei.
Dann geht es schnell. Nur wenig später
sind sie gefasst, die beiden Täter.
Wie Unschuldslämmer steh'n sie da.
Doch Peter Bär weiß, was geschah.

Familie Hase geht es gut,
was Sohn Eick auch gerne zeigen tut.
Verlässt Eick Hase früh das Haus,
sieht wie ein stolzer Pfau er aus.
Er trägt Marken-Jeans für sehr viel Geld,
selbst die Socken sind von Nagerfeld.

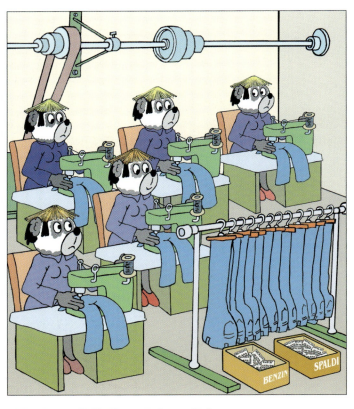

Wie sinnvoll Markensachen sind,
das weiß ganz allein der Wind.
Hier nähen Asiens Pandabären,
die Europas Wohlstand mehren.
Obwohl sich alle Hosen gleichen,
trägt jede 10. dann ein „Markenzeichen".

Vorsicht: Räuber

Eigentlich tun sich diese beiden
Jeans im Preis nur unterscheiden;
wäre da nicht dies' kleine Schild.
Doch nach diesem ist Eick Hase wild.
Benzin-Jeans trägt der Mann von Welt;
Eick muss nichts leisten für das Geld.

Man muss sich nicht in Lumpen kleiden,
um Gefahren zu vermeiden.
Prunksucht aber, die schafft leider
nicht nur Bewunderer und Neider;
sie animiert auch schwache Seelen
zum Betrügen, Rauben, Stehlen.

Frank Elster und der Marco Räaf
sind alles andere als brav.
Nicht nur, dass sie die beneiden,
die sich mit teuren Sachen kleiden;
sie berauben sogar den Eick Hase
frech und brutal auf offener Straße.

„Nur eine Kinderrauferei",
denkt Fred Eisbär und will vorbei.
So ruft der Eick in seiner Not:
„Hilfe, ich werde hier bedroht!
Herr Eisbär, helfen sie mir bitte!"
Der begreift jetzt, stoppt seine Schritte.

Vorsicht: Räuber

Er eilt zu Hilfe rasch dem Kind.
Die Räuber flüchten ganz geschwind.
Auf dem Weg danach zur Polizei
ist auch die Anja Maus dabei.
Zum „Einmischen" ist sie zu klein,
doch sie prägte sich die Täter ein.

Als Ermittlung gegen Unbekannt
wird diese Anzeige benannt.
Eick Hase kennt die Täter nicht.
Fred Eisbär merkt sich kein Gesicht.
Zum Glück gibt es die Anja Maus.
Sie sagt jetzt hier als Zeuge aus.

Anja beschreibt gut das Geschehen.
So kann ein Täterbild entstehen.
Bald ist sich Peter Bär im klaren,
wer die beiden Täter waren.
Anja handelte ganz richtig.
Kluge Zeugen sind sehr wichtig.

Die gefassten Räuber, alle vier,
warten auf den Richter hier.
Der wird ein gerechtes Urteil finden,
um solches Treiben zu unterbinden.
Dass nicht jede Tat so enden muss,
zeigt unser Beispiel hier zum Schluss.

Vorsicht: Räuber

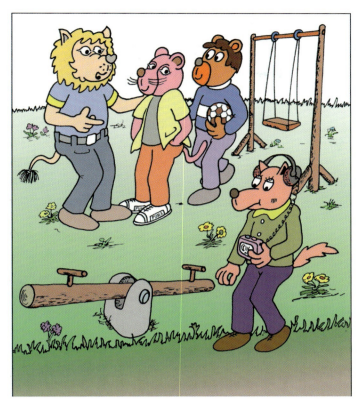

Kai und Uwe, diese beiden
können René Fuchs nicht leiden.
So kommt es, dass Kai Löwe spricht:
„Den Walkman braucht der René nicht!
Den werde ich ihm jetzt entreißen
und euch gleich meine Kraft beweisen!"

Gesagt, getan, schon stürzt er los,
versetzt dem René einen Stoß.
Uwe Panther geht gleich mit zu Werke.
Nachdenken - das ist nicht seine Stärke.
Jetzt mischt sich jedoch Felix ein
und ruft entschlossen: „Lasst das sein!".

„Nehmt ihr René den Walkman fort,
sprech' ich mit euch nie mehr ein Wort.
Ich bin zu manchem Spaß bereit,
doch was ihr hier macht, geht zu weit.
Rauben ist kein Kinderstreich!
Ihr entschuldigt euch sogleich!"

Die Straftat ließ sich noch vermeiden
durch strenge Worte zu den beiden
unbedachten Spielgefährten,
die fremdes Eigentum begehrten.
Der Felix bewies dabei Mut.
Das war auch für die Freunde gut.

Helfer bei Gefahr und Not

Kai Löwe und der Uwe Panther
toben gerne miteinander
auf dem Platz am Rand der Stadt,
weil der so weichen Rasen hat.
Der Bauer Elch, der macht jetzt Pause,
fährt mit dem Traktor rasch nach Hause.

Wie wir auf diesem Bild hier sehen,
ist etwas Schlimmes im Entstehen.
Die Luft füllt sich mit dunklem Rauch
und erste Flammen seht ihr auch.
Kai ist der Erste, ders erkennt.
Er ruft laut: „Die Scheune brennt!".

Kai sieht, dass man aus eig'ner Kraft
den Brand zu löschen nicht mehr schafft.
Jedes Zögern schadet mehr.
„Ich rufe schnell die Feuerwehr",
sagt Kai zu Uwe mit Bedacht,
„gib auf die kleinen Kinder acht!"

Kai erreicht das Telefon
und natürlich weiß er schon
- hat er auch kein Geld dabei -
der Notruf, der ist kostenfrei!
Rasch wird die 112 gewählt.
Beachtet, was der Kai erzählt.

Helfer bei Gefahr und Not

Kai spricht gar nicht aufgeregt
und was er sagt, ist überlegt.
Fax weiß jetzt, was und wo es brennt.
Als Kai noch seinen Namen nennt
lobt Fax ihn: „Junge, du bist helle,
die Feuerwehr ist gleich zur Stelle!"

Die Feuerwehr bekämpft den Brand.
Die Gefahr ist schnell gebannt.
Das kluge Handeln von den Kindern
half, größeren Schaden zu verhindern.
Auch Uwe, der verhielt sich richtig.
Er passte auf, das war sehr wichtig!

Dem Kai dankt hier die Feuerwehr
und Anton Halt, der ÖSA-Bär.
Verstanden hat der kleine Mann,
wie er sich nützlich machen kann.
In der Jugendfeuerwehr ist Kai
seitdem als Mitglied fest dabei.

In unserer folgenden Geschichte
geht es um schlimme Bösewichte.
Als Heiko aus dem Fenster schaut,
er seinen Augen nicht mehr traut.
Was tun die finsteren Gestalten,
die nachts vor Rehbocks Laden halten?

Helfer bei Gefahr und Not

Was machen die? Das ist nicht wahr!
Sie brechen ein! Jetzt ist es klar!
Was soll Heiko tun? Er ist allein.
Hier Held zu spielen bringt nichts ein.
Der Heiko greift zum Telefon.
Was wird er wählen, ahnt ihrs schon?

Die 110, wie ihr ja wisst,
für solchen Fall der Notruf ist.
Der Junge spricht mit Peter Bär.
Aufgeregt ist Heiko sehr.
Doch was er sagt, das ist durchdacht.
Seht selbst, wie er es richtig macht.

Heiko beschreibt, so gut er kann,
in Einzelheiten jeden Mann.
Vom Auto er die Farbe nennt,
da er den Fahrzeugtyp nicht kennt.
Danach verhält er sich ganz still,
weil er die drei nicht warnen will.

Schnell war die Polizei vor Orte.
Später spricht Peter Dankesworte:
„Die Einbrecher sind festgenommen.
Für sie gab es hier kein Entkommen.
Weil du dich klug verhalten hast,
wurden sie von uns gefasst!"

Helfer bei Gefahr und Not

Jetzt folgt Geschichte Nummer 3.
Passt gut auf und lernt dabei.
Die Kinder starten 15 Uhr
zu einer kleinen Fahrradtour.
Sie radeln durch den großen Park.
Der Radweg, na, der holpert stark.

Im Park ist es schön ruhig heute,
weit und breit sind keine Leute.
Doch als sie um die Kurve biegen,
da sehen sie Oma Ente liegen.
Gestürzt ist sie mit ihrem Rad
auf dem schmalen Holperpfad.

Sie hat sich, und das sieht man jetzt,
durch den Sturz ganz schlimm verletzt.
„Wir helfen hier an Ort und Stelle
und Felix fährt zur Fernsprechzelle",
sagt Steffi, denn ihr ist gleich klar,
für Omas Leben droht Gefahr.

Das Telefon hier ist zerstört.
Der Felix ist mit Recht empört.
Wer so was macht, das wird hier klar,
verhindert Hilfe bei Gefahr!
Durch das Treiben solcher Toren
geht im Notfall Zeit verloren.

Helfer bei Gefahr und Not

Felix fährt weiter, sieht dann schon
ein Gasthaus, das hat ein Telefon.
Die Wirtin kennt die Lage nicht.
So ist es gut, dass Felix spricht.
Von dem Rettungsdienst die Nummer
bereitet Felix keinen Kummer.

Hier seh'n wir wieder Fax, den Bär.
Für Rettungsdienst und Feuerwehr
gibt es jetzt die eine Stelle.
Sie organisiert die schnelle
Hilfe zentral und kurzerhand,
egal, ob Unfall oder Brand.

Die Alarmierung klappt famous.
Schon saust der Rettungswagen los.
Hier ist stets Eile aktuell,
doch heute gings besonders schnell.
Fax wusste schon von Omas Leid;
auch Denia Luchs gab ihm Bescheid.

Denia Luchs kam noch hinzu
und sie erreichte Fax im Nu.
Ihre Handy-Karte war zwar leer,
doch die Polizei und Feuerwehr
kann man dann trotzdem noch erreichen.
Fax merkt, dass sich die Rufe gleichen.

Helfer bei Gefahr und Not

Das grüne Ampellicht heißt GEHEN!
In dem Fall aber bleibt man stehen.
Die Autos mit Blaulicht und Sirenen
brauchen freie Fahrt; deshalb ist jenen
stets die Vorfahrt zu gewähren.
Jutta erklärt's dem kleinen Bären.

Vera Wiesel ist ein Vertreter
uns'rer Rettungssanitäter.
Zur Hilfe ist sie stets bereit.
Das sind die Helden dieser Zeit.
Ein Dankeschön an die Personen,
die sich - für andere - nicht schonen.

Auch Doktor Sachs ist eingetroffen
und die Kinder können hoffen,
dass Omas Wunden bald verheilen.
Sie wird im Krankenhaus verweilen.
Zehn Tage, dann kommt sie zurück;
die rasche Hilfe war ihr Glück.

Omas Kuchen, der schmeckt fein.
Sie lud die Kinder zu sich ein.
Steffi, Denia und auch Anja Maus
kennen sich in „Erster Hilfe" aus.
Helfen erlernen kann ein jeder
in Gruppen junger Sanitäter.

Gefahr Eisenbahn

Ein Bahnhof ist sehr interessant.
Von hier reist man durch's ganze Land.
Die dritte Klasse trifft sich hier
mit Toni, der in dem Revier
im Bahnhof sorgt zu jeder Zeit
für Ordnung und für Sicherheit.

Am Schalter seh'n wir Oma Ente.
Zum Zahlen braucht sie beide Hände.
Weit ab von ihr steht das Gepäck.
Kommt jetzt ein Dieb, dann ist es weg.
Zum Schutz vor solchen fiesen Taten
wird Toni Oma gleich beraten.

Auch Frau Feldmaus ist recht unvorsichtig.
Auf Bahnhöfen ist es sehr wichtig,
auf seine Sachen aufzupassen,
da Langfinger hier gern' zufassen.
Eile, Drängelei, Geschiebe,
bevorzugen die Taschendiebe.

Fred Eisbär, der wird hier belehrt,
denn sein Handeln ist verkehrt.
Das Schild sagt klar für jedermann,
dass diesen Weg nur nutzen kann,
wer dafür auch berechtigt ist.
Falsch handelt der, der das vergisst.

Gefahr Eisenbahn

Uwe Panther treibt hier Sport,
doch leider an dem falschen Ort.
Nicht nur dem Uwe droht Gefahr.
Auch Reisende, das sieht man klar,
gefährdet Uwe durch sein Treiben.
Nach Tonis Hinweis lässt ers bleiben.

Der Personenzug aus Kuckuckstein
fährt auf Bahnsteig 2 jetzt ein.
Alle treten rasch ein Stück
von der Kante vorn zurück.
Solches Verhalten ist sehr richtig.
Sicherheitsabstand ist ganz wichtig!

Gefährlich ist, was wir hier sehen.
Ein schwerer Unfall kann entstehen,
wenn ein Hindernis, vielleicht ein Mast
dem René einen Stoß verpasst.
Der Toni wird's ihm deutlich sagen:
Aus diesen Fenstern darf nichts ragen.

Der Zug, der rollt noch langsam aus.
Da springt Ralf Biber schon hinaus.
Das ist schon mehr als Übermut
und geht häufig auch nicht gut.
Ralf wird sich hier den Fuß verstauchen.
Das hätte nicht geschehen brauchen.

Gefahr Eisenbahn

In den folgenden sechs Bildern
werden die Kinder Toni schildern,
welche Beispiele sie kennen
und auch die Personen nennen,
die, wie wir gleich sehen werden,
sich und andere gefährden.

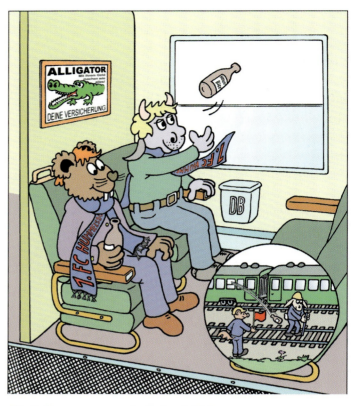

Maik Hase nennt, als Beispiel hier,
das schlechte Handeln von Bernd Stier.
Bernd Stier trinkt eine Flasche aus
und wirft sie dann zum Fenster raus.
Viel Glück hatte da Vater Schaf,
dass diese Flasche ihn nicht traf.

Der Gunther Schaf kann nicht verstehen,
was wir in diesem Bild hier sehen.
Auf keinen Fall dürfen die Schienen,
wie hier gezeigt, als Spielplatz dienen.
Soviel Leichtsinn, das ist klar,
bringt das Leben in Gefahr.

Den Gleisbereich muss jeder meiden,
um keinen Schaden zu erleiden!
Die Züge fahren sehr geschwind.
Und da sie auch recht leise sind,
wird die Gefahr zu spät erkannt.
Dirk Ratte, wo ist dein Verstand?

Gefahr Eisenbahn

Wenig Geist zeigt er auch jetzt;
denn, wird ein Reisender verletzt,
muss Dirk die Folgen dafür tragen.
Er sollte sich doch selbst mal fragen,
welch' Sinn ein solches Handeln trägt.
Ob Dirk sich das jetzt überlegt?

Von Heiko Wurm wird dargestellt,
wie der Frank Elster sich verhält.
Sitzt dieser mal allein im Wagen,
muss er zerschlitzen und zerschlagen,
was ihm so in die Hände fällt.
Solch' Unfug kostet aller Geld!

Auch das Zerkratzen von den Scheiben
sollte doch künftig unterbleiben,
meint Heiko, denn er sieht darin
Zerstörung ohne jeden Sinn.
Scratchen ist dumm und einfallslos,
nur Esel tun sich damit groß.

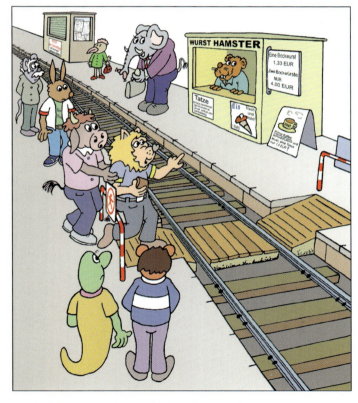

Kai will zum anderen Bahnsteig laufen
und sich eine Bockwurst kaufen.
Er betritt die Gleise. Doch zum Glück
hält ihn noch der Jens Gnu zurück:
„Kai, so gefährdest du dein Leben,
die Treppe ist doch gleich danebei!"

Gefahr Eisenbahn

Strom treibt die Lokomotiven an,
wie man im Bild hier sehen kann.
Die Fahrleitung, so vernehmen sie,
transportiert dafür die Energie.
Soviel an Kraft, das leuchtet ein,
kann, falsch behandelt, tödlich sein.

Eine solche Leitung zu berühren
würde zu großem Unheil führen.
Sicherheitsabstand ist ganz wichtig!
Beachtet diesen Hinweis richtig.
Vorsicht bei Strom! Denkt stets daran,
dass soviel Kraft auch „springen" kann.

Deshalb greift hier Herr Dackel ein.
Was er da sieht, das darf nicht sein.
Vom Fahrdraht, den wir oben sehen,
kann ein Lichtbogen entstehen.
Er ruft zornig: „Schert euch fort, ihr wisst,
dass die Bahn kein Abenteuerspielplatz ist!"

Zum Abschluss sehen die Kinder dann
mit Toni sich ein Video an.
In diesem Film wird dargestellt,
wie man sich an dem Ort verhält,
wo Gleise Straßen unterbrechen.
Oben steht, wovon wir sprechen.

Gefahr Eisenbahn

An Bahnübergängen stehen
Warnbaken, die wir hier sehen.
Von weitem machen sie schon klar:
Vorsicht! Hier besteht Gefahr!
Wenn Schienen Straßen überqueren,
ist Bahnen Vorrang zu gewähren.

Das Kreuz kennzeichnet zum Schluss
den Punkt, an dem ich warten muss,
wenn sich ein Zug ins Blickfeld schiebt
oder ein Blinklicht Zeichen gibt.
Am Bahnübergang zeigt rotes Licht:
Überquert jetzt diese Gleise nicht.

Das weiß natürlich jedes Kind.
Schranken, die geschlossen sind,
bedeuten Stopp! Ich darf erst gehen,
wenn diese wieder oben stehen.
Schranken missachten, seid euch klar,
verursacht tödliche Gefahr.

Als man Abschied nehmen muss,
sagt Lehrer Eule noch zum Schluss:
„Die Eisenbahn ist unentbehrlich
und sie ist auch nicht gefährlich,
wenn man sich an die Regeln hält,
die Bär Toni uns hat vorgestellt."

Im Freibad

An einem Sommertag wie heute
treibt es zum Wasser alle Leute.
Die Bären wollen mit dem Rad
hin zum nächst gelegenen Bad.
Von Steffi wird noch mal erklärt,
wie jeder vorschriftsmäßig fährt.

Wieviel an Geld wird nötig sein?
Mehr stecken sie sich auch nicht ein.
Das ist vernünftig. Sie bedachten:
Es lässt sich schwer auf Sachen achten,
wenn sie durchs Wasser freudvoll toben.
So bleibt auch der Recorder oben.

Da die Eltern nicht zu Hause sind,
notiert die Steffi noch geschwind
auf diesem Blatt, wohin sie gehen.
Die Eltern können darauf sehen,
wo die Kinder sich die Zeit vertreiben
und wie lange sie im Freibad bleiben.

Ein Rettungsschwimmer gibt hier Acht.
Die Badestelle wird bewacht.
Sie ist zum Baden frei gegeben;
gefährlich ist der Strand daneben.
Wer da am Eintrittsgeld will sparen,
bringt sich nur unnütz in Gefahren.

Im Freibad

Das Schild hier wurde mit Bedacht,
für alle lesbar, angebracht.
In kurzer Form wird dargestellt,
wie man sich in dem Bad verhält,
um Gefahren zu vermeiden
und keinen Schaden zu erleiden.

Die Regeln, die Felix sichtet,
sind an die Vernunft gerichtet.
Fast alle Unfälle beim Baden
resultieren aus Eskapaden
von Leichtsinn oder Übermut.
Dummheit fordert ihr Tribut!

Manchmal kann man Typen sehen,
die einem auf die Nerven gehen.
Die Musik ist viel zu laut,
was sie reden, ist nur Kraut,
das Bier machte sie heiter.
Da geh'n die Kinder lieber weiter.

Den Bärenkindern ist bekannt:
Gefahr droht auch durch Sonnenbrand;
für Haut und Körper ungesund!
Die Sonnenstrahlen sind der Grund.
Ein Platz im Schatten kann da nützen
und Creme hilft, die Haut zu schützen.

Im Freibad

Kurzzeitig in der Sonne baden
wird dank der Sonnencrem nicht schaden.
Bevor man sich ins Wasser wagt,
ist Abkühlung erst angesagt.
Klar, dass die Kinder daran dachten
und es auch konsequent beachten.

Wenn Duschen zur Verfügung stehen,
soll man, vor dem ins Wasser gehen,
diese so wie hier benutzen,
um den See nicht zu verschmutzen.
So bleiben die Gewässer rein.
Lars Karpfen wird uns dankbar sein.

Durch Leinen und Bojen, fest verseilt,
ist die Badefläche eingeteilt
für Schwimmer und solch' kleinen Mann
wie Andy, der nicht Schwimmen kann.
Tiefer ins Wasser geht Andy nicht.
Die Geschwister halten ihn in Sicht.

Mit Kopfsprung will, aus Übermut,
der Uwe Panther in die Flut.
„Von solchem Baum zu springen,
kann großes Unheil bringen!
Beim Sprungbett ist das Wasser tief,
an dieser Stelle geht nichts schief!"

Im Freibad

Andy ruft: „Mir wird jetzt kalt!
Ich geh raus, ihr kommt doch bald?"
Das ist ein Hinweis für die Beiden,
um Unterkühlung zu vermeiden,
Denn friert man erst für eine Zeit,
ist die Erkältung nicht mehr weit.

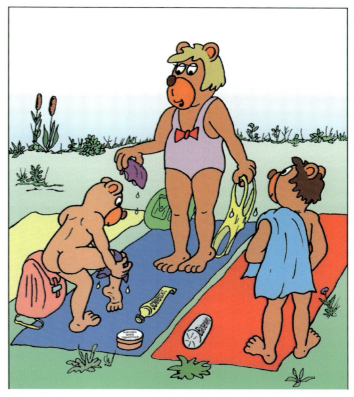

Ist die Badekleidung nass,
raten uns die Ärzte, dass
wir sie wechseln nach dem Baden.
Feuchte Sachen können schaden.
Leicht kommt man dabei ins Frieren;
es ist auch schädlich für die Nieren.

Die Bären woll'n zum Kiosk gehen.
Das könnte auch Frank Elster sehen,
nutzt es vielleicht zum Stehlen aus.
Sie bitten deshalb Anja Maus,
auf ihre Sachen aufzupassen.
Auf Anja kann man sich verlassen.

Am Kiosk schmeckt die Bratwurst fein.
Gleich zwei Stück futtert Felix rein.
Ins Wasser will er nun schon bald,
doch Steffi sagt zu Felix: „Halt,
nach dem Essen sofort baden,
das kann der Gesundheit schaden"!

Im Freibad

Kai und Heiko spielen Ball.
Doch das stört in diesem Fall
berechtigt die Regina Reh.
Ihr tut der Kopf vom Ball jetzt weh!
„Los", sagt Felix, „kommt bitte mit,
dort drüben spielen wir zu dritt!"

Was wir hier sehn, ist unerhört.
Die Kinder sind mit Recht empört,
dass Dirk Ratte, unbedacht,
einfach auf die Wiese macht.
Kai Löwe wird ihm „die Meinung geigen"
und den Weg zur Toilette zeigen.

Eick Hase isst sehr gern Gemüse.
Der Abfall fällt vor seine Füße.
Dort bildet er schon einen Turm.
Deshalb belehrt ihn Heiko Wurm:
„Der Abfall und der Rest der Rüben
gehör'n in den Behälter drüben!"

Bei seinem Weg findet Eick diese
Glasscherbe auf der Liegewiese.
Er nimmt sie mit, und das gleich jetzt,
damit sich niemand d'ran verletzt.
Das war sehr umsichtig gedacht;
Eick gab so auch auf and're acht!

Im Freibad

Die Kraft beweisen, das will hier
der unvernünftige Bernd Stier.
Doch Anja Maus, die mischt sich ein
und ruft ganz laut: „Das lässt du sein!
Sonst frag ich bei Nils Nilpferd an,
ob er dich auch mal tauchen kann!"

Die Dinge halten meistens nicht
das, was die Werbung uns verspricht.
Zwar wird die Haut geschützt durch Creme,
doch sicherer und angenehm
(zumal sie schon viel Sonne hatten)
ist ein solcher Platz im Schatten.

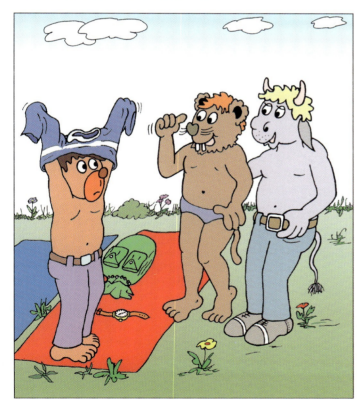

Ein Blick zur Uhr zeigt, es ist Zeit.
„Ich achte auf die Pünktlichkeit!",
sagt Felix; lässt sich nicht verleiten,
diese beiden zu begleiten,
die Felix überreden wollen,
mit ihnen noch herum zu tollen.

Die Fahrräder, da stehen sie.
Unsere Drei vergessen nie,
die Fahrradschlösser zu benützen,
die Drahtesel vor Diebstahl schützen.
Pünktlich werden sie nach Hause fahren,
um den Eltern Sorgen zu ersparen.

Die Feuerwehr

Über Gefahrenabwehr spricht
Herr Eule heut' im Unterricht.
Er macht den Kindern dabei klar:
Wer sind die Helfer bei Gefahr?
Wofür gibt es Feuerwehr und Polizei?
Wen ruft man wann und wie herbei?

Dem Gespräch folgt hinterher
ein Besuch der Feuerwehr.
Die Stadt Mausewitz ist klein.
So kann es gar nicht anders sein,
dass alle, die hier Dienst verrichten,
freiwillig sich dazu verpflichten.

Die Feuerwehr ist kein Verein
wie der Boxclub „Nasenbein".
Zum Schutz von Sachwerten und Leben
muss es die Feuerwehren geben.
Das regelt sich nicht nach Belieben,
es ist gesetzlich vorgeschrieben.

So existieren Industrieanlagen,
die Havariegefahren in sich tragen.
Aus dem Grund gibt es dort, stationär,
eine eigene Werkfeuerwehr.
Hier war wohl Säure ausgelaufen.
Jetzt muss man neue Reifen kaufen.

Die Feuerwehr

Das Löschen ist, von alters her,
die Aufgabe der Feuerwehr.
Da handeln alle schnell und richtig.
Tempo und Mut sind auch sehr wichtig,
wenn es um Lebensrettung geht,
die vor der Brandbekämpfung steht.

„Wenn ein Sturm Bäume auf die Straße weht
oder der Keller voller Wasser steht,
wer hilft dann?", so fragt der Bär.
Na klar, dann hilft die Feuerwehr.
„Bergen und Helfen sind Aufgaben,
die wir mit zu erfüllen haben!"

Das Foto hier, in meiner Hand,
zeigt das Gegenteil von einem Brand.
Wasser fließt im Überfluss
nach einem langen Regenguss.
Im Kampf gegen Naturgewalten
müssen alle fest zusammenhalten.

Die Feuerwehr ist nicht allein.
Auch and're Helfer greifen ein.
Die Rettungsdienste, Polizei,
eilen im Notfall rasch herbei.
Wenn mal schwere Technik nötig ist,
kommt das THW, als Spezialist.

Die Feuerwehr

Sehr wichtig ist in allen Fällen
die Sicherung der Einsatzstellen
vor Personen, die nicht hin gehören
und aus Neugier gar die Helfer stören.
Weil sie damit sich und uns gefährden,
muss die Polizei hier tätig werden.

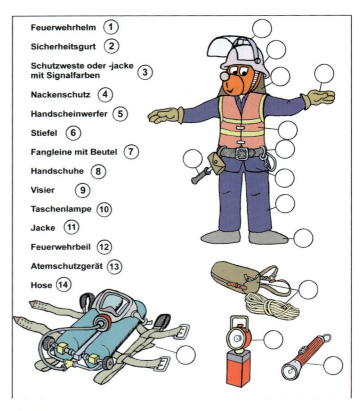

- Feuerwehrhelm (1)
- Sicherheitsgurt (2)
- Schutzweste oder -jacke mit Signalfarben (3)
- Nackenschutz (4)
- Handscheinwerfer (5)
- Stiefel (6)
- Fangleine mit Beutel (7)
- Handschuhe (8)
- Visier (9)
- Taschenlampe (10)
- Jacke (11)
- Feuerwehrbeil (12)
- Atemschutzgerät (13)
- Hose (14)

Der Feuerwehrmann muss selbst sich schützen
und braucht Dinge, die im Notfall nützen.
Deshalb ist es auch festgelegt,
was er im Einsatz mit sich trägt.
Was wird welches Teil wohl sein?
Schaut nach, tragt rechts die Nummern ein.

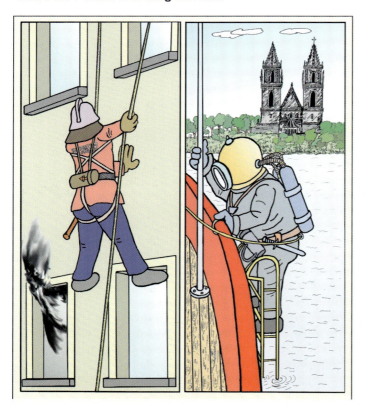

Auch für solche Sonderfälle
ist die Feuerwehr zur Stelle.
Wenn man nicht anders helfen kann,
rücken die Höhenretter an.
Eine and're Gruppe, die wir brauchen,
sehen wir rechts, die können tauchen.

Bei einem Brand zählen Minuten.
Die Feuerwehr, die muss sich sputen
und darf dabei keine Zeit vergeuden;
sie braucht freie Zufahrt zu Gebäuden.
Die Politesse kam wie ein Blitz.
Das gibt es nur in Mausewitz.

Die Feuerwehr

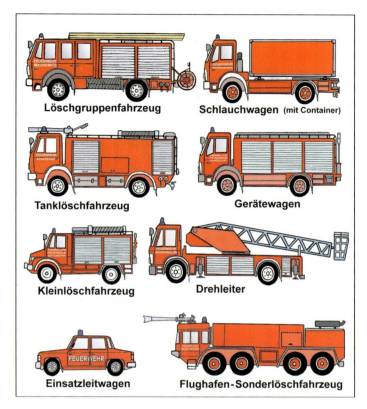

Für die Vielzahl der Aufgaben
muss man spezielle Autos haben.
Die Fahrzeuge auf dieser Seite
zeigen euch einen Teil der Breite
von der Technik, die notwendig ist.
Es gibt noch mehr, wie ihr schon wisst.

Brandschutzerziehung ist ein Teil
der Arbeit, die wir schätzen, weil
diese Beschäftigung mit Kindern
dem Ziel dient, Brände zu verhindern.
Wer die Gefahren kennt vom Feuer,
sieht Gokeln nicht als Abenteuer.

Auf den Tafeln hier wird dargestellt,
wie man sich bei einem Brand verhält.
Vor Spielzeug, Geld und and'ren Dingen
steht, sich in Sicherheit zu bringen!
Zuallererst ist die Rettung wichtig.
Dann holt man Hilfe. So ist es richtig.

Gefährlich ist ein Wohnungsbrand
besonders nachts, das ist bekannt.
Wer schlummert, spürt nicht die Gefahr.
Dazu sagt Florian ganz klar:
„Hier können Rauchmelder viel nützen;
für wenig Geld kann man sich schützen!"

Die Feuerwehr

Für einen Ernstfall fit zu sein,
schließt Ausbildung und Übung ein.
Wann nimmt man Wasser, wo hilft Schaum?
Was ist wichtig im verqualmten Raum?
Beim Retten, Bergen, Wasser spritzen,
da muss dann jeder Handgriff sitzen.

Weshalb sind Wettkämpfe so wichtig?
Sie zeigen: War die Schulung richtig?
Man kann vergleichen, kommt zum Schluss,
was man noch besser üben muss.
Der Landesfeuerwehrverband
hat das Ganze in seiner Hand.

Frank Frosch, der musiziert sehr gerne.
Sein Quaken dringt in jede Ferne.
Doch alleine macht es wenig Freude.
Deshalb spielt Frank im Gebäude
der Feuerwehr mit Gleichgesinnten,
die am Musizieren Freude finden.

Die Feuerwehr hat Tradition,
sie gibt es ja seit langem schon.
Im Museum ist ein breites Feld
von alter Technik ausgestellt.
Die Geschichte von dem Brandschutzwesen
kann man hier sehen, hören, lesen.

Die Feuerwehr

Ein Helfer, das ist leider wahr,
begibt sich selbst oft in Gefahr.
Trotz Vorsicht kann es dann geschehen,
dass auch Verletzungen entstehen.
Die FUK kann Wunden nicht beheben,
doch sie wird finanzielle Hilfe geben.

Fred Eisbär ist schon recht betagt,
so manches Zipperlein ihn plagt.
Zum Feuer rückt er nicht mehr aus,
wie auch Knut Hirsch und Oma Maus.
Es gibt aber sehr viele Sachen,
bei denen sie sich nützlich machen.

Hier hilft zum Beispiel Freddi Bär
bei der Jugendfeuerwehr.
Jens Gnu möchte gern Mitglied sein.
„Fein", sagt Fred Eisbär, „tritt doch ein,
ab dem zehnten Lebensjahr
erhältst du dieses Formular."

Kai Löwe, der ist längst dabei
und lernte auch schon allerlei.
Wenn er dann erwachsen ist,
wird er sicher Maschinist,
denn er träumt seit Jahren,
das Löschfahrzeug zu fahren.

Etwas anders

Ein neues Kind sitzt in der Klasse.
Auch Felix staunt: 'ne fremde Rasse?
Kein echter Vogel, gewiss kein Bär,
von wo kommt das Mädchen Tanja her?
Die Neugier können wir verstehen.
Doch wie wird das jetzt weiter gehen?

Eine Stunde später, in der Pause,
zeigt Eick Hase sich wie ein Banause:
„Ha, diese Fremde isst ja Fisch!
Der kommt bei uns nie auf den Tisch!
Vom Vater kann ich es täglich hören;
ein deutscher Hase isst nur Möhren!"

Eick Hase macht den Kindern weis:
„Ein Pinguin gehört zum Eis!
Dort in der Kälte friert man bloß,
deshalb ist ihr Verstand nicht groß.
Auch sehn sie anders aus als wir,
d'rum mögen wir sie gar nicht hier!"

Auch Kai Löwe mag die Neue nicht.
Er denkt so, wie sein Vater spricht:
Man kann sich nicht auf die Straße wagen,
weil die Pinguine Schnäbel tragen.
Man muss sie an dem Kragen packen,
bevor sie mit dem Schnabel hacken.

Etwas anders

Selbst Felix gibt Eick Hase Recht
und findet Pinguine schlecht.
Zu Hause erzählt er ganz empört,
dass ihn das neue Mädchen stört.
Mutter und Steffi hören zu
und sagen: Felix, hier irrst du!

„Man sollte nicht Personen messen
nach ihrer Kleidung, ihrem Essen!
Ich denke, Eicks geliebte Möhren,
die würden auch Kai Löwe stören!",
sagt Steffi und lädt Felix ein,
im Eiskaffee ihr Gast zu sein.

Bei Fred Eisbär schmeckt das Eis,
obwohl natürlich Felix weiß,
auch in Freds Heimat ist es frisch
und Fred genießt bevorzugt Fisch.
Fred Eisbär ist auch gar nicht dumm!
Die falschen Vorurteile kippen um.

Im Lexikon aus der Vitrine
entdeckt Felix die Pinguine,
die sonst in rauheren Regionen
im Süden unserer Erde wohnen.
Im Ergebnis wird dem Felix klar,
was Eick erzählt, das ist nicht wahr.

Etwas anders

Am nächsten Tag setzt Felix sich
zu Tanja mit an ihren Tisch
und beginnt mit ihr zu sprechen.
So kann er das Schweigen brechen,
das, weil man sich nicht kennt,
Tanja von den anderen trennt.

Auch Heiko Wurm und Torsten Specht
geben dem Schulfreund Felix Recht.
Sie leben schließlich auch verschieden
und haben trotzdem Streit vermieden.
Es muss nicht feste Freundschaft sein.
Es reicht schon die Toleranz allein.

Eick Hase braucht drei Tage mehr.
Doch dann erkennt auch schließlich er,
dass seine Meinung gar nicht stimmt.
Dass Eick sich das zu Herzen nimmt,
schätzen seine Freunde sehr,
denn solche Einsicht fällt oft schwer.

Jedoch Kai Löwe sieht nichts ein.
Sein Handeln, das ist ganz gemein.
Er will, dass die ganze Klasse lacht,
wenn Tanja beim Sprechen Fehler macht.
Kai glaubt, durch seine Muskelmasse
ist er der Größte in der Klasse.

Etwas anders

Hier entwendet er vom Tisch
heimlich Tanjas Frühstücksfisch
und tauscht ihn gegen Würstchen aus.
Er weiß genau, ein solcher Schmaus
beleidigt Tanjas Lebensregeln.
Sie wird sich vor den Würstchen ekeln.

Bei solch gemeiner Stänkerei
ist Uwe Panther stets dabei.
Er hat nichts gegen Pinguine,
beteiligt sich nur aus Routine.
Er macht das, was Kai ihm offenbart,
weil er sich eigenes Denken spart.

Ob Kai und Uwe daran denken,
wie schwer sie dieses Mädchen kränken?
Der Kummer macht das Lernen schwer,
schlafen kann sie auch nicht mehr.
Sie will nicht mehr zur Schule gehen,
um Kai und Uwe nicht zu sehen.

Gut, dass sie mit den Eltern spricht.
Kummer verschweigen hilft ja nicht.
Jetzt verstehen sie die Sorgen,
die ihr Kind hat jeden Morgen.
Zwar können sie es nicht beschützen,
doch wird ihr Rat der Tanja nützen.

Etwas anders

"Verstecken kannst du dich nicht immer.
Das nützt auch nichts, macht es nur schlimmer;
du bleibst dann stets ein Außenseiter.
Deshalb ist es viel gescheiter,
selbst einen Schritt nach vorn zu gehen.
Die meisten werden dich verstehen."

Vor Felix, Eick und Anja Maus
spricht Tanja ihre Sorgen aus.
Auch Steffi, Heiko, Helga Kuh,
hören ganz betroffen zu.
Sie hatten das Geschehen
bislang einfach übersehen.

Felix spricht den Kai jetzt an
und fragt, ob er's nicht lassen kann,
die Tanja zu verletzen
und gegen sie zu hetzen.
"Du fühlst dich stark und imposant,
beweise das auch mit Verstand!"

So ähnlich denkt auch Helga Kuh.
Sie sagt zum Kai: "Jetzt hör' mal zu;
wer anders ist - der ist nicht schlecht!
Ein jeder hat bei uns das Recht,
nach seiner Art sich zu bewegen,
steht dem nicht ein Gesetz entgegen."

Etwas anders

„Du denkst jetzt gewiss: Die dumme Kuh!
Doch von mir lernst du noch was dazu.
Wenn ihr bald wieder in den Urlaub fliegt
und verwöhnt dort in der Sonne liegt
oder Schnäppchen kauft wie Polohemden;
dann zählt ihr dort auch zu den Fremden!"

Auch Heiko kann Kai nicht verstehen.
Er sagt: „Wie soll das weiter gehen?
Heut' gehts gegen Pinguine,
morgen trifft es die Honigbiene.
Später krächzen dann die Möwen,
vertreibt endlich die faulen Löwen!"

Langsam wird dem Kai dann klar,
dass er total im Unrecht war.
Sein Denken wird sich wandeln.
Wir sehen es an seinem Handeln.
Hier hilft er dem Pierre Pelikan.
Das hätte er vorher nicht getan.

Natürlich blieben Tanjas Sorgen
auch dem Lehrer nicht verborgen.
Die Klasse hatte schnell gehandelt.
Die Situation hat sich gewandelt.
So bleibt, dass er nur noch zum Schluss
mit Uwe Panther sprechen muss.

Die Polizei

In der Schule spricht man heute
über den Sinn und Zweck der Polizei.
Und, da er den Weg nicht scheute,
ist auch ein Fachmann mit dabei.
Felix sein Vater ist der Gast.
Warum? Na, weil das Thema passt.

Peter Bär erklärt den Kindern allgemein,
wie man den Polizeiberuf ergreifen kann.
Wer will, reicht die Bewerbung ein.
Eine Auswahlprüfung folgt sodann.
Die Prüfung verlangt, kurz umrissen,
Sportlichkeit und gutes Wissen.

Der Schulbesuch schließt sich dem an.
Das heißt, Gesetze zu studieren
und zu üben, bis man alles kann,
zum Beispiel Selbstverteidigung trainieren.
Gelehrt wird, wie man Streiter einigt
oder wie man die Pistole reinigt.

Wenn die Grundausbildung fertig ist,
trennt sich der Dienst in die Spezialaufgaben.
Der eine wird dann Kriminalist,
der andere will seinen Diensthund haben.
Was die Schutzpolizei zu leisten hat,
zeigt uns das Beispiel aus der kleinen Stadt.

Die Polizei

Im Polizeirevier von Mausewitz
ruft in der Nacht die Ente an.
Sie sagt Polizeiobermeister Spitz,
dass sie einfach nicht schlafen kann,
da der Krach des Nachbarn Möwe stört.
Oma Ente ist mit Recht empört.

Die Anzeige wird aufgenommen.
Ein Funkwagen erhält Bescheid
und ist sehr schnell zum Ziel gekommen.
Jetzt tut es dem Max Möwe leid.
Er wird Musik künftig leiser hören,
um die Nachbarn nicht zu stören.

Der Streifendienst setzt sich dann fort
auch in den folgenden Nachtstunden.
Sie schauen und erkennen: Dort,
da hat ein Einbruch stattgefunden.
Dieser Kollegen Wachsamkeit
dient uns'rer aller Sicherheit.

War es ein Mann? War'n es viele Täter?
Der Raum ist leer, man weiß es nicht.
Doch das, das klärt sich sicher später.
Fast jede Straftat kommt ans Licht.
Der Tatort wird gesichert, dann
rufen sie Kollegen als Hilfe an.

Die Polizei

Die Diensthunde der Polizei
unterscheiden sich in der Dressur.
Hier ist ein Fährtenhund dabei
und sucht nach einer Täterspur.
Rex riecht sofort, der war allein;
doch hier stieg er ins Auto ein.

Rex, der muss jetzt leider passen.
Doch der Kriminalbeamte dort
weiß, man wird den Täter fassen.
Auch er sieht Spuren an dem Ort.
Durch den Fingerabdruck und das Haar
ist der Täter gewiss feststellbar.

Das war für ihn 'ne lange Nacht.
Diese Spurenträger werden dann
in das LKA gebracht,
damit man sie untersuchen kann.
In dem Labor arbeitet gewissenhaft
Doktor Luchs mit neu'ster Wissenschaft.

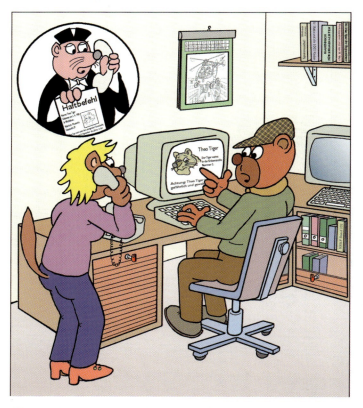

Computer merken sich sehr viel.
Sie registrieren auch den Bösewicht.
Ein Fingerabdruck? Leichtes Spiel!
„Der war es und der war es nicht!"
Und das Ergebnis von dem Haar
stellt dann endgültig alles klar.

Die Polizei

Theo Tiger heißt der Täter.
Er ist gefährlich und gewaltbereit.
Was tun mit solch einem Vertreter?
Im Interesse allgemeiner Sicherheit
ruft man Spezialisten von dem SEK.
Die sind extra für solche Fälle da.

Jetzt kommen wir zu and'ren Dingen.
Da auf Autobahnen viel passiert
werden LKW, die Waren bringen,
von diesen Polizisten kontrolliert.
So ist die Einhaltung der Pausenzeiten
lebenswichtig. Wer will das bestreiten.

Die Verkehrserziehung von den Kindern
ist gleichfalls ganz, ganz wichtig.
Hier gilt es, Schlimmes zu verhindern;
leider verhält sich noch nicht jeder richtig.
Sie werden sich mit dem Verkehr befassen
und lernen, auf der Straße aufzupassen.

Trotz aller Vorsicht kann es geschehen,
dass Autos mal zusammenstoßen.
Wie wir es auf diesem Bild hier sehen:
Fehler machen auch die Großen.
Der Unfalldienst klärt dann geschwind
alle Fragen, die jetzt wichtig sind.

Die Polizei

Damit der Straßenverkehr sicher rollt,
muss man ihn überwachen, lenken.
Der ertappte Raser Eber grollt.
Doch auch an so etwas gilt es zu denken;
hier spielt der 1. FC Löwenstein
gegen den Sportclub Entenklein.

Zu solchem großen Fußballspiel
kommen nicht nur echte Fans zum Schauen.
Einzelne kommen mit dem Ziel,
zu randalieren, sich zu hauen.
Die Bereitschaftspolizei wird Mittel finden,
um solche Störungen zu unterbinden.

Die An(n)a Konda wird vermisst!
Weshalb - ist zurzeit nicht bekannt.
Zur Suche, in ganz kurzer Frist,
wird wirklich alles eingespannt.
Die Hubschrauber der Polizei
sind bei der Suche mit dabei.

Egal, ob Lastschiff oder Boot mit Segeln:
Auf den Seen, auf den Flüssen
gelten für alle klare Regeln,
die eingehalten werden müssen.
Dafür dient die Polizei vom Wasserschutz.
Hier sucht sie den Schuldigen von Schmutz!

Die Polizei

Das Stichwort ist damit gegeben.
Die Umwelt ist für jeden wichtig.
Doch aus Leichtsinn oder Gewinnstreben
verhält sich mancher da nicht richtig.
Die Polizei vom Umweltschutz
kämpft gegen solchen bösen Eigennutz.

Die Kontaktbeamtin Ines Bär
spricht hier mit der Oma Ente
freundlich und fast familiär,
mahnt aufzupassen auf die Rente.
Ein KOB ist für die Bürger da,
hilfsbereit und lebensnah.

Nicht alle, die in Tierland leben,
sind Demokraten, Humanisten.
Deshalb muss es den Staatsschutz geben,
zum Schutz vor Extremisten.
Terror, Gewalt und Hasstiraden
verbessern nichts. Es bleibt nur Schaden.

Der Staatsschutz hat es ganz schön schwer,
da Extremisten gern im Dunklen leben.
Die tun sich falsche Namen geben.
Ein Beispiel ist die Gattung „Bär".
Das werden gewiss nicht alle sein.
Vielleicht fallen euch paar mehr noch ein.

Die Polizei

Zur Sicherheit der Prominenten
ist der Personenschutz auf Draht.
Das verlangt Übersicht bei turbulenten
Szenen wie bei solch' Attentat.
Ob Sven Skunk gut ist oder schlecht:
Schutz vor Gewalt - das ist sein Recht.

Was rät uns die Beratungsstelle?
Vorbeugung heißt auch Prävention.
Wer sich schützen will, der handelt helle
und holt sich hier Information.
Schon mancher Einbrecher erschreckte,
gab auf, als er solch' Schloss entdeckte.

In der Kleinstadt Entenklein
findet heut ein Volksfest statt.
Ein Beratungsbus stellt sich mit ein,
der Prävention zu bieten hat.
Zu seinem Schutz vor Missetaten
lässt sich hier Opa Hirsch beraten.

Zum breiten Bild der Polizei
gehört auch die Polizeikapelle.
Sie ist in Entenklein dabei
mit der Sängerin Lulu Gazelle.
Sie wirbt mit Stimme und dem zarten Huf
bei den Bürgern für uns'ren guten Ruf.

Schmierfinken

Das viele Geld war nicht zu schade
für die neue Hausfassade,
mein Hotel ist jetzt das beste;
denkt Hase und erwartet Gäste.

Der Hase denkt nur noch an's Haus,
rechnet hier seinen Gewinn schon aus.
Er ahnt nicht, dass in dieser Nacht
ein Schmierfink seine Runde macht.

Fritz Fink besprüht gern helle Wände.
Er hat dafür geschickte Hände
und hält sein Tun für Kunst mit Mut.
Nur - findet das Herr Hase gut?

Am nächsten Tag, bei Morgenlicht,
traut Hase seinen Augen nicht.
Die neue Wand ist ruiniert,
mit dummen Sprüchen voll geschmiert!

Schmierfinken

Fritz Fink indessen sitzt zu Hause,
macht vor dem Fernseher 'ne Pause.
Es ist ein langweiliges Geschehen.
Den Film hat Fritz schon mal gesehen.

Fritz schreckt auf - das kann nicht sein!
In sein Zimmer tritt der Hase ein,
die Hände voll mit großen
Fritz bekannten Farbspraydosen.

Der Hase stellt ihm keine Fragen.
Ohne nur ein Wort zu sagen
spritzt er den ganzen Bildschirm blau
und sprayt „Lampe" d'rauf in Grau.

„Das Poster mit Olliver Schwan
besorgte mir Pierre Pelikan
aus Japan - eine teure Rarität!"
Der Hase lacht: „Du rufst zu spät!"

Schmierfinken

„Deine Markenturnschuhe DERDIEDAS
wirken farblich etwas blass",
spricht Hase und kariert den linken Schuh.
„Ich bin ein großer Künstler, so wie du!"

„Verdammt, das können sie nicht machen;
sie zerstören meine Sachen!",
ruft Fritz Fink schrill. Der Hase lacht:
„Hast du vor meinem Haus das auch bedacht?"

„Hier halte ich Schwarz für nicht verkehrt.
Es war doch nur achtzig Euro wert!",
meint beim Sprühen dieser fiese Hase,
„dann passt es zur schwarzen Blumenvase."

„Unterlassen sie die Sauerei;
ich rufe jetzt die Polizei!",
schreit vor Verzweiflung Fink empört.
Der Hase grinst: „Ob mich das stört?"

Schmierfinken

Peter Bär ist sofort da
und dann kommt es zum Eklat.
Der Bär - Fritz zweifelt am Verstand -
hat eine Sprühpistole in der Hand.

Schwupps, schon sind die Sessel blau.
Der Bär, der kichert und sagt: „Schau',
wenn dir die Farbe nicht gefällt,
kaufe dir neue Sessel für dein Geld!"

Nichts bleibt heil von seinen Dingen.
Fritz sein Herz droht zu zerspringen,
dann schreckt er auf aus seinem Traum.
Fritz ist ganz allein im Raum.

Fritz hat aus diesem Traum gelernt.
Die Spraydosen werden entfernt.
Das Beschmieren fremder Sachen
wird ihm nie wieder Freude machen.

Schmierfinken

Gewiss ist diese Einsicht gut.
Doch Dummheit fordert oft Tribut.
Fritz wurde in der Nacht gesehen,
muss seine Schandtat eingestehen.

Jetzt steht der Fink vor'm Jugendrichter.
Der kennt diese Art Bösewichter
gut und urteilt meistens weise.
Fritz zeigt Reue, spricht ganz leise.

Die Geldstrafe war nicht so schwer,
doch Fritz muss die Wände säubern. Er
muss scheuern, schrubben, die Stirn ist nass.
Täter - Opfer - Ausgleich nennt sich das.

Tage später, in der Straßenbahn,
stößt Fritz auf einen Dummerjan.
Er sitzt nebeneinander
mit dem Uwe Panther.

Schmierfinken

Uwe zerkratzt heimlich die Scheiben.
Fritz sagt zu ihm: „Lass das doch bleiben!"
Der Panther, gestört in seiner Heldenrolle
droht: „Ich hau' dich gleich platt wie eine Scholle!"

Da Fritz hier selbst nichts machen kann,
spricht er das große Mädchen an.
Sie hat das Gespräch schon mit gehört
und ist über Uwes Handeln sehr empört.

„Du unterlässt sofort das Kratzen,
sonst mach' ich dir Knoten in die Tatzen",
faucht die robuste Denia Luchs.
Da wagt „Held" Panther keinen Mucks.

„Du verursachst großen Schaden.
Wir alle müssen das ausbaden,
denn durch deine Handlungsweise
erhöhen sich die Fahrscheinpreise."

Schmierfinken

Hier ist Uwe auf dem Weg
zum Kino am Giraffensteg.
Seine Freundin Paula wartet dort.
Ist er nicht pünktlich, geht sie fort.

Uwe blinzelt gegen das Licht,
doch viel sehen kann er nicht.
Da hilft kein Hauchen oder Reiben,
total zerkratzt sind diese Scheiben.

Hier wollte der Uwe Panther hin.
Doch er sitzt in der Bahn noch drin
und fährt drei Stationen weiter.
Paula ist gewiss nicht heiter.

„Wie konnte mir das nur geschehen?
Durch die Scheibe war es nicht zu sehen!"
Jetzt ist es dem Panther völlig klar,
dass er ein großer Esel war.

Hannes Hamster

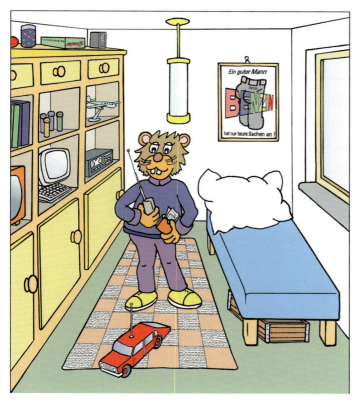

Hannes hat keinen Grund zum Klagen.
Er braucht nur seine Wünsche sagen.
Seine Eltern schauen nicht auf's Geld
und kaufen das, was ihm gefällt.
Doch egal, was ihm die Eltern bieten,
Hannes Hamster fühlt sich nie zufrieden.

Sieht er bei anderen Kindern Sachen,
die diesen scheinbar Freude machen,
kommt Hannes vor Raffgier gleich ins Schwitzen
und meint: Das muss ich auch besitzen!
Als verwöhntes Kind denkt er nicht d'ran,
dass er nicht alles haben kann.

Die Werbeflut, im Überfluss,
sagt, dass man alles haben muss.
Da auch die Eltern ähnlich denken
und deshalb Geld statt Zeit ihm schenken,
dreht sich für Hannes diese Welt
ausschließlich um Besitz und Geld.

Eick bekam von seiner Oma
aus dem fernen Oklahoma
diesen Gameboy hier geschenkt.
Klar, dass er oft an Oma denkt,
wenn er mit seinem Gameboy spielt,
den er von so weit her erhielt.

Hannes Hamster

Gewiss, hier hin gehört er nicht.
Ein Gameboy stört im Unterricht.
Doch in der Pause will Eick zeigen,
wie weit im Spiel die Punkte steigen.
Dazu muss er schnell reagieren.
Das will auch Felix ausprobieren.

In der großen Pause geht es zum Essen.
Der Gameboy, der wird nun doch vergessen
und liegt im Fach unter dem Tisch.
Für Hannes ist's verführerisch.
Er sagt sich einfach: „Der ist mein!",
und steckt den Gameboy heimlich ein.

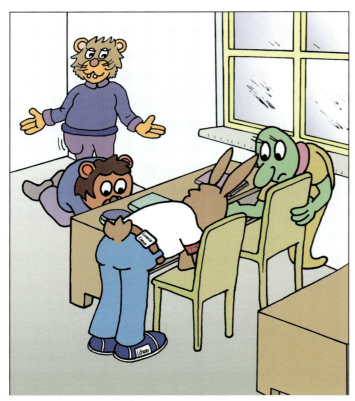

Jetzt wird von (fast) allen nachgeschaut.
Doch weg ist weg - er ist geklaut.
Der Gameboy wird von Eick vermisst,
der deshalb mächtig traurig ist.
Ein anderer, selbst noch so fein,
wird nie der von der Oma sein.

Hier gnatzt Eick mit Felix rum.
Naja, die Sache lief auch dumm.
Der Gameboy war, wie uns bekannt,
zuletzt in Felix seiner Hand.
So sind zwei Freunde jetzt zerstritten
durch fieses Handeln eines Dritten.

Hannes Hamster

Erst wenn im Hause alles ruht,
spielt Hannes mit dem Diebesgut.
Tagsüber muss er es verstecken,
damit die Eltern nichts entdecken.
Kann solches Spiel mit fremden Sachen
dem Hannes wirklich Freude machen?

Die Oma Ente kauft hier ein
und muss dabei sehr sparsam sein.
Im Widerspruch zur Sparsamkeit
liegt ihre Tasche - griffbereit -
für Diebe oben auf dem Wagen.
Die können so ganz leicht zuschlagen.

Hannes will ein Eis sich kaufen.
Da sieht er, im Vorüberlaufen,
Oma Entes Tasche liegen.
Wieder wird die Raffgier siegen.
Hannes greift zu, verschwindet gleich;
er hofft, die Beute macht ihn reich.

Viel Geld entdeckt der Bösewicht
in Oma Entes Tasche nicht.
Für Süßigkeiten reicht es aus.
Den Rest nimmt er nicht mit nach Haus'.
Schlüssel und Ausweis schmeißt der Rüpel
einfach in den Abfallkübel.

Hannes Hamster

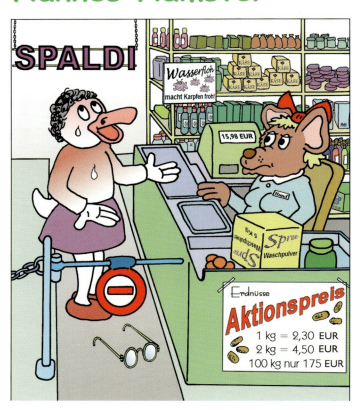

Oma Ente will bezahlen.
Da beginnen ihre Qualen.
Die Tasche fehlt! Das Geld ist weg!
Zur Wohnung geh'n hat keinen Zweck,
denn, schon kribbelt's ihr im Bauch,
der Wohnungsschlüssel fehlt ja auch.

Die Aufregung schafft Herzbeschwerden.
Der Notarzt muss gerufen werden.
Die Oma kommt ins Krankenhaus.
„Das sah der Dieb zwar nicht voraus",
sagt der Doktor Sachs, „doch hier sieht man,
welche Folgen Diebstahl schaffen kann!"

Kaum aus dem Krankenhaus entlassen,
muss sie sich mit der Tür befassen.
Ein neues Türschloss baut man ein.
Ein neuer Ausweis - muss auch sein.
Der wird in dem Amt ausgestellt.
Das alles kostet Zeit und Geld.

Hinterlistig wie ein Fuchs
streicht Hannes um die Denia Luchs.
Er hofft auf Geld in ihrer Tasche
und setzt auf die alte Masche.
Ein Moment der Unaufmerksamkeit
verschafft ihm die Gelegenheit.

Hannes Hamster

Blitzschnell greift der Hamster zu
und entfernt sich dann im Nu.
Noch auf der Flucht denkt er daran,
was er jetzt alles kaufen kann.
Indess - ein Fehlgriff war das heute,
Kamm und Spiegel sind die Beute.

Das die Tasche fehlt, ist ärgerlich.
Die Denia denkt, wie gut, dass ich
Geld und and're wichtige Dinge
in diesem Beutel unterbringe.
Unter der Kleidung, gut versteckt,
wird er von keinem Dieb entdeckt.

Zum Glück wird früher oder später
ein jeder solcher Übeltäter
durch irgendjemanden gefasst.
Frau Wühlmaus hat gut aufgepasst.
Nach der missglückten Klauerei
verständigt sie die Polizei.

Alles kommt jetzt ans Tageslicht.
Die Eltern trauen den Augen nicht.
Der Vater Hamster ist entsetzt,
fühlt in der Ehre sich verletzt.
Er weiß, aus seinem eig'nen Laden,
wie schwer ihm freche Diebe schaden.

Hannes Hamster

Beim schweren Weg zur Polizei
ist seine Mutter mit dabei.
auch wenn sich Hannes dabei ziert
wird hier das alles registriert,
was er anderen gestohlen hat.
Da ist selbst Mutter Hamster platt.

Doris Dachs nimmt sich viel Zeit.
Sie fragt nach jeder Einzelheit
und den Gründen seiner schlimmen Taten.
Sie wird den Hannes dann beraten,
damit er eine Lösung findet
und seine Raffgier überwindet.

Hannes gibt jetzt jedes Stück
an die Bestohlenen zurück.
Kai Löwe will, vor allen Kindern,
ihn schlagen. Felix kann's verhindern
und sagt: „So kann man das nicht klären,
gib ihm die Chance, sich zu bewähren!"

Ein solcher Schritt ist sehr beschwerlich
und wer ihn geht, meint es wohl ehrlich.
Oma Entes Schaden wird ersetzt
durch des Hannes Eltern, die ab jetzt
mehr Zeit für ihren Sohn aufbringen.
So wird die Besserung gelingen.

Wichtig und richtig

Eick Hase will im Sportverein
stets einer von den Besten sein.
Im Wettstreit mit dem Igelkind
verflog die Trainingszeit geschwind.
Es ist schon dunkel, es ist spät,
als Eick endlich nach Hause geht.

Der Igel sagt zwar: „Warte doch,
ich hole nur die Seife noch.
Uwe Panther kommt auch mit
und dann gehen wir zu dritt!"
„Nein", sagt der Hase, „ich muss mich jetzt sputen.
Die nächste Bahn fährt erst in zehn Minuten."

Eick betritt den letzten Wagen.
Heut geht das gut. Doch lasst euch sagen,
am Abend, in der Dunkelheit,
dient es der eigenen Sicherheit,
mit vorn beim Fahrer einzusteigen.
In Not wird sich das hilfreich zeigen.

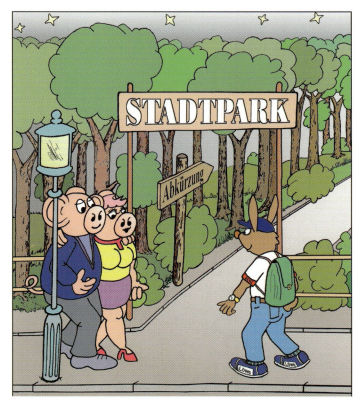

Das letzte Stück, wie wir sehen,
muss der Eick zu Fuß noch gehen.
Zwei Wege: Und für einen dieser beiden
wird sich Eick Hase jetzt entscheiden.
Auf der belebten Straße ist es heller,
der kurze Weg im Park scheint schneller.

Wichtig und richtig

Von weitem sieht Eick vier Gestalten,
die sich sehr rüpelhaft verhalten.
Eick fragt sich kurz, kehr ich jetzt um?
Doch dann sagt er sich, das ist dumm!
Wenn ich mich so ängstlich zeige,
denken die ja, ich bin feige.

Doch was ist Feigheit, was ist Mut?
Vorsicht, die tut immer gut.
Eick hat sich hier wohl falsch entschieden.
Ein Umweg hätte es vermieden,
dass die vier, man will's kaum glauben,
Eick Hases Uhr und Jacke rauben.

Der Lange boxt Eick auf die Backe
und entwendet ihm die Jacke.
Ein anderer entreißt die Uhr.
Eick wehrt sich nicht, er schützt sich nur.
Er spürt, jegliche Gegenwehr
verschlimmert seine Lage mehr.

Er kann im Streit mit diesen vieren,
größer, stärker, nur verlieren.
Doch er merkt sich gut, für später,
Größe und Aussehen dieser Täter.
Eick sieht, was sie für Kleidung tragen.
Er kann sogar die Marke sagen.

Wichtig und richtig

Der lange Kerl hat viele Pickel;
der Dicke Ohren vom Karnickel,
in denen er zwei Ringe trägt,
was sein Gesicht sehr deutlich prägt.
Nicht jeder wirkt so eindringlich,
doch die Gesichter merkt er sich.

Und dass der Kleinste, arg verlottert,
beim Sprechen vor Erregung stottert,
merkt sich Eick, denn ihm fällt ein,
auch das kann später wichtig sein.
An der Sprache erkennt Eick sofort:
Die sind sicher aus dem gleichen Ort.

Auch die Einkaufstüte von dem Langen
kann nützlich sein, um ihn zu fangen.
Jetzt packt er da Eicks Jacke rein.
Gewiss ist die ihm viel zu klein.
Er raubt sie nicht für sich allein.
Auch das Detail kann hilfreich sein.

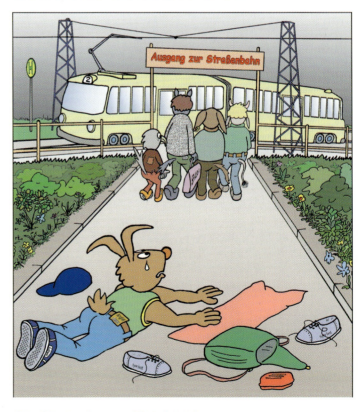

Die Räuber lassen Eick jetzt liegen.
Da sie in Sicherheit sich wiegen,
geh'n sie schnurstracks zur Haltestelle.
Die Straßenbahn! Der Eick ist helle.
Er sieht, in welcher Bahn sie bleiben
und kann die Fluchtrichtung beschreiben.

Wichtig und richtig

Eick bewegt sich ohne Pause
zu den Eltern rasch nach Hause.
Dort erzählt er seine Sorgen.
Vater meint, das klär'n wir morgen.
Mutter reagiert ganz richtig.
Schnelles Handeln, das ist wichtig.

Sie sagt: „Wir gehen sofort los.
Der Räuber Vorsprung ist nicht groß
und man vergisst rasch Einzelheiten!"
Sie wird Eick zum Revier begleiten.
Dort zeigen sie die Straftat an,
damit die Polizei schnell handeln kann.

Eicks Schilderung ist so exakt,
dass Peter Bär der Ehrgeiz packt.
Er sucht und findet ganz geschwind
die Fotos, die sehr ähnlich sind.
„Halt", sagt Eick, „das sind die beiden.
Ich kann sie deutlich unterscheiden!"

Diese Daten aus den Unterlagen
erhalten jetzt die Streifenwagen
über Funk. Und wenig später
schnappt die Polizei die Täter.
Sie kann, wie oft in solchen Fällen,
auch Eicks Sachen sicherstellen.

Wichtig und richtig

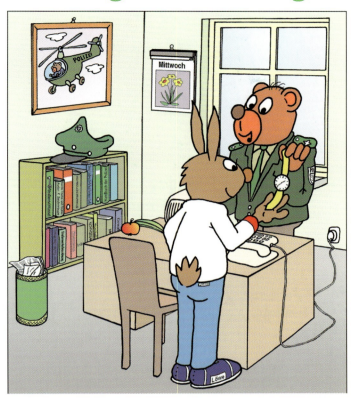

„Die Räuber, dank dir aufgespürt,
werden dem Richter vorgeführt!",
sagt Peter und lobt Eicks Beschreibung,
die sachlich, ohne Übertreibung,
auf die Übeltäter passte.
Eick ist froh, dass man sie fasste.

„Um solche Taten einzuschränken,
darf man nicht an sich nur denken.
Auch wer Zeuge einer Straftat wird,
sollte wie du, so unbeirrt,
jede Beobachtung anführen.
Das hilft, die Täter aufzuspüren."

Eicks Vater sagt, voll Ungeduld:
„Am Überfall warst du selbst schuld,
denn du hast vieles falsch gemacht!"
Eicks Mutter aber spricht, durchdacht:
„Schuldig sind allein die Täter!"
Sie erklärt es dem Eick später.

„Sieh dir den Anfang der Geschichte an.
Denke nach, was man anders machen kann.
Vorsicht ist immer angeraten.
Doch nichts rechtfertigt Missetaten!
Jede Form solcher Lumperei
verlangt den Weg zur Polizei."

„Was ein Zeuge sagt, ist für uns sehr wichtig! Doch, wie merkt man sich das Ganze richtig?"

Wer **unmittelbar** Opfer einer Straftat wird bzw. diese als Zeuge beobachtet, sollte versuchen, sich so viel wie möglich zu merken. Das ist jedoch besonders schwer - z.B. bei
- Dunkelheit,
- schlecht beleuchteter Umgebung oder
- diesigem, regnerischem Wetter.

Aber je mehr der Polizei später beschrieben werden kann, desto hilfreicher sind die Angaben für die weitere Arbeit, eventuell sogar für eine **Phantomzeichnung**:

1. Person genau anschauen, um etwas sagen zu können über

   • Statur und Bekleidung

   • Aussehen des Gesichtes

   • Haltung, Gestik, Mimik, Sprache, Angewohnheiten

   • die mitgeführten Gegenstände

   • ihren Fluchtweg

2. Fluchtmittel wie z.B.  oder

   • Marke und Typ   "Univega" - Herrenrad   oder   VW „Passat"

   • Kennzeichen (hierbei sich konzentrieren auf Buchstaben und Ziffern, dabei sich die ersten Buchstaben nach den Städten einprägen)

   • Farbe und besondere Ausstattung wie z.B. Spoiler, Streifen, Aufkleber

   • zusätzliche Ausstattung, Sonderzubehör

3. Sobald die Möglichkeit besteht, sofort aufschreiben, was noch in Erinnerung ist.

Je mehr Zeit verstreicht, je mehr sich Gedanken gemacht und mit anderen darüber gesprochen wird, um so unsicherer wird man. Den eigenen Eindruck wiedergeben und sich nicht durch Andere verunsichern lassen!

Advent, Advent, ein Lichtlein brennt

Juwelier Silberfisch

An Peter Bär seinem Gesicht
sehen wir: Hier stimmt was nicht!
Was will der Weihnachtsmann beim Juwelier
am frühen Morgen, kurz nach Vier?

Schaut euch diesen Wehnachtsmann
bitte selbst genauer an.
Ihr habts entdeckt, ihr seid ja schlau.
Das ist die falsche Weihnachts..........!

Advent, Advent, ein Lichtlein brennt

Es ist wieder mal so weit.
In der schönen Weihnachtszeit
erfreuen sich die Herzen
am Lichterschein der Kerzen.
Doch eins ist dabei leider wahr:
Im Kerzenlicht steckt auch Gefahr!

Die Feuerwehr, die sieht viel lieber
solch' Licht wie bei Familie Biber.
Es garantiert zu jeder Zeit
ein hohes Maß an Sicherheit.
Doch wer nicht auf Kerzen will verzichten,
soll sich nach folgenden Regeln richten.

Es beginnt schon im Advent,
wenn das erste Lichtlein brennt.
Grundsätzlich gilt: Das Kerzenlicht
taugt für Kinderhände nicht.
Die heiße Flamme ist kein Spiel,
denn Unheil gab es so schon viel.

Klar, dass es Eick Hase weiß:
Kerzenlicht, das strahlt sehr heiß.
Frau Hase achtet auf den Ort.
Was brennbar ist, muss ringsum fort,
bevor sie jene Kerzen zündet.
Diese Vorsicht ist begründet.

Advent, Advent, ein Lichtlein brennt

Richtig handelt Anja Maus.
Geht sie aus dem Zimmer raus,
löscht sie zuvor die Kerze aus
zur Sicherheit für's ganze Haus.
Kerzenlicht darf nie allein
- ohne eine Aufsicht - sein.

Ist man vielleicht schon außer Haus
und zweifelt: „War die Kerze aus?",
sollte das kleinste Fragezeichen
als Anlass für die Umkehr reichen.
Was kostet schon ein Schritt zu viel,
statt Feuer, denkt Kurt Krokodil.

Auch Renate Bär hat mitgedacht.
Sie gibt auf diese Kerzen acht.
Ist der Rest schon ziemlich klein,
setzt sie rechtzeitig neue ein.
Dadurch erfasst das Kerzenlicht
die Zweige vom Adventskranz nicht.

Vier Kerzen stehen hier bereit.
Der Weihnachtsmann ist nicht mehr weit.
Wie zündet jetzt der kluge Mann
gefahrlos die vier Kerzen an?
Die Reihenfolge ist sehr wichtig!
Vater Panther zeigt es uns richtig.

Advent, Advent, ein Lichtlein brennt

Gut ist sein Tipp an Heike Hummel
beim weihnachtlichen Einkaufsbummel.
Von dem Trubel in der Weihnachtszeit
erhoffen sich Diebe die Gelegenheit
auf illegale, reiche Beute.
Sie bestehlen frech die Leute.

„Wenn man an die Geschenke denkt,
wird man sehr leicht abgelenkt.
Das nutzen diese Gauner aus.
Ich überlege deshalb schon zu Haus',
wie viel Geld wird nötig sein,
mehr stecke ich mir auch nicht ein."

Herr Löwe hatte großes Glück.
Er ließ seine Tasche hier zurück
beim Aussuchen vom Weihnachtsbaum.
So viel Dusel wiederholt sich kaum.
Man merke: In der Weihnachtszeit
bedarf es erhöhte Wachsamkeit.

Jetzt spielt Herr Löwe Weihnachtsmann
und zündet alle Kerzen an.
Jedoch ist dabei Sorgfalt wichtig.
Herr Löwe handelt hier nicht richtig!
Beginnt er mit dem ob'ren Licht,
verbrennt er sich die Nase nicht.

Advent, Advent, ein Lichtlein brennt

Kai Löwe hilft jetzt seinem Vater
als kluger Sicherheitsberater.
Erst oben und hinten! Wir erkennen:
So kann man sich auch nicht verbrennen.
Beim Kerzen löschen fängt man dann
von unten und von vorne an.

Und hierzu sagt der Kai strikt NEIN.
Die Wunderkerze muss nicht sein.
Leicht wird ein trockener Tannenast
von der heißen Glut erfasst.
Klar, dass er sie auch gar nicht mag
als Spielzeug am Silvestertag.

Doch in den kalten Jahreszeiten
sind es nicht nur die Festlichkeiten,
die für den Brandschutz wichtig sind.
Schon wenn der kühle Herbst beginnt,
brauchen wir der Wärme Kraft,
die Behaglichkeit uns schafft.

Heizungen sind dann unentbehrlich
und im Normalfall ungefährlich.
So weiß zum Beispiel jedes Kind,
dass sie kein Wäschetrockner sind.
Durch Wärmestau, wie wir hier sehen,
kann sonst ein Schwelbrand leicht entstehen.

Advent, Advent, ein Lichtlein brennt

Bei solch' Elektro-Heizgerät
ist es sehr wichtig, wo es steht.
Durch Wärmestrahlung ist schon oft
auf diese Weise, unverhofft,
ein Wohnungsbrand entstanden.
Viel zu nah sind die Girlanden.

Die Oma Ente ist schon alt.
Ihr ist es in dem Bett oft kalt.
Das Heizkissen benötigt sie.
Als kluge Frau vergisst sie nie,
dass auch bei solchem Heizgerät
große Sorgfaltspflicht besteht.

Auf den Kamin ist Fuchs ganz stolz.
Im Keller liegt dafür das Holz.
Hier trabt er los, mit Kerzenlicht.
„Nein, Herr Fuch, das geht so nicht!",
ruft Steffi und erklärt ihm dann,
was dadurch geschehen kann.

Und trotzdem kann ein Brand entstehen.
Was ist zu tun, wenn wir das sehen?
Frau Biber gibt hier Unterricht:
Wann greift man zu? Wann lieber nicht?
Wie setzt man seine Hilfe ein?
Was kann man tun? Was lässt man sein?

Advent, Advent, ein Lichtlein brennt

Hier sehn wir den Entstehungsbrand.
Rasches Handeln, mit Verstand,
kann Unheil noch verhindern
und den Schaden mindern.
Die Beiden löschen sehr geschickt.
Das Feuer ist so schnell erstickt.

Hier lodert heller Flammenschein.
Kai weiß, da rennt man nicht hinein.
Doch Eile ist sehr wichtig!
Kai Löwe handelt richtig!
Mit der Nummer Eins, Eins, Zwei
ruft er die Feuerwehr herbei.

Entdeckt ein kleines Kind den Brand,
holt es als Hilfe kurzerhand
und ohne viel Geschrei
Erwachsene herbei.
Herr Panther sieht in kurzer Frist,
was hier durch ihn zu machen ist.

Mit Ruhe und Besonnenheit
das Rechte tun zur rechten Zeit,
das ist bei einem Brand sehr wichtig.
Gefahr vermeiden ist stets richtig.
Habt ihr noch Fragen, bitte sehr,
fragt nach bei eurer Feuerwehr!

Im Internet

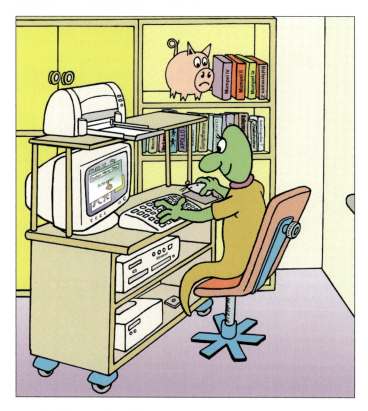

Heiko Wurm, das ist bekannt,
sitzt oft vor dem Computer.
Er beweist da viel Verstand
und ist ein Freak – ein absoluter.

Um andere zu kontaktieren
oder um sich, ganz komplett,
über neue Trends zu informieren,
nutzt Heiko auch das Internet.

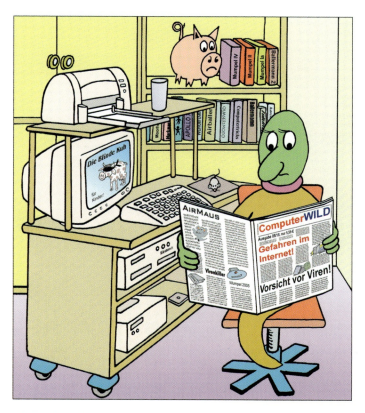

Heiko ist clever, ihm ist klar,
er muss hier mit viel Umsicht handeln.
Im Internet lauert Gefahr,
da auch Strolche durch die Netze wandeln.

Diese Grundregeln hält Heiko ein:
Sein Name und auch die Adresse
wird stets nur sein „Geheimnis" sein.
Das schützt vor gaunerischer Raffinesse.

Im Internet

Sein Passwort wird er nie verraten.
Die Telefonnummer wird er nicht nennen.
Das sind ganz interne Daten,
die sollten Fremde niemals kennen.

Mit Recht wird Heiko sich hier zieren.
Er schaltet vorher seine Mutter ein.
Ein Programm soll er selbst installieren.
Das entscheidet Heiko nicht allein.

Weshalb will Heiko nichts riskieren?
Das schützt ihn vor den „falschen Pferden".
Das sind bösartige Computerviren,
die als „Trojaner" auch bezeichnet werden.

Nicht nur Störenfriede sind die Viren.
Manche Gauner nutzen sie sogar,
um Computer aus zu spionieren.
Das schafft besondere Gefahr.

Im Internet

Ein Beispiel ist der Gerd Giraffe.
Er hat nur einmal falsch geklickt.
Jetzt denkt er, ihn laust der Affe.
Eine 0190 - Verbindung hat getickt.

Vom Gerd unentdeckt geblieben
hat ein „Zocker" einfach zugeschlagen
und Gerd's Einwahl überschrieben.
Jetzt muss Gerd die hohen Kosten tragen.

Hier lernte Heiko einen Fremden kennen.
Doch Vorsicht - es kann ein Strolch gar sein.
Wir wollen es Webbekanntschaft nennen.
Zu einem solchen Treff geht Heiko nicht allein.

Den Tipp gab ihm die Anja Maus.
Die fand das Chatten einfach toll,
tauschte ihre Gedanken mit 'ner Rita aus
und fand die neue „Freundin" wundervoll.

Im Internet

Nur durch Zufall hat sie dann entdeckt,
dass hinter dem Namen Rita Ratte
eine falsche Schlange steckt,
die es auf Mäuse abgesehen hatte.

Nicht alles aus dem Internet
ist sinnvoll, will der Bildung nützen.
Manches taugt nur für's Klosett.
Wie kann man den PC vor Unrat schützen?

Mutter Wurm, die hat Vertrauen
zum Heiko, ihrem klugen Sohn.
Sie kann nicht alles überschauen,
doch ein Maß Kontrolle will sie schon.

Sie kontaktiert den Thilo Rind.
Der kennt sichere Provider
mit Filter zu dem Schutz für's Kind.
Das ist sehr nötig, leider.

Im Internet

Thilo wird Software installieren,
die filtert fiese Sachen raus.
Und Mutter Wurm kann kontrollieren,
dafür reicht ihr Können aus.

Das Beste ist für beide Seiten:
Frau Wurm nimmt sich für Heiko Zeit,
um ihn beim Surfen öfter zu begleiten.
So weiß sie auch gleich selbst Bescheid.

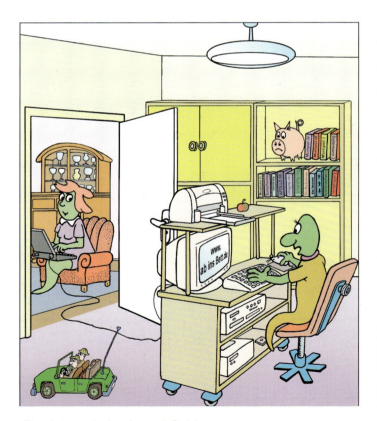

Das Internet, das kostet Geld.
Deshalb gibt es für Heiko feste Zeiten,
an die er sich beim Surfen hält,
um die Kosten nicht zu überschreiten.

Heiko nutzt gern' die Möglichkeit,
die es in seiner Schule gibt.
Bei Fragen, auch zur Sicherheit,
ist Lehrer Eule sehr beliebt.

Knallfrösche

Wenn sich das Jahr dem Ende neigt,
wird das sehr lautstark angezeigt
durch Feuerwerk mit Lärm und Licht.
Ganz ungefährlich ist das nicht.
Um vorbeugend Schaden zu verhindern,
spricht der Florian hier mit den Kindern.

Das Feuerwerk mit Knall und Rauch
ist ein schon sehr alter Brauch,
um die bösen Geister zu verjagen.
Dem verfloss'nen Jahr „Ade" zu sagen
ist heut der Grund. Jedoch verpufft
auch sehr viel Geld so in der Luft.

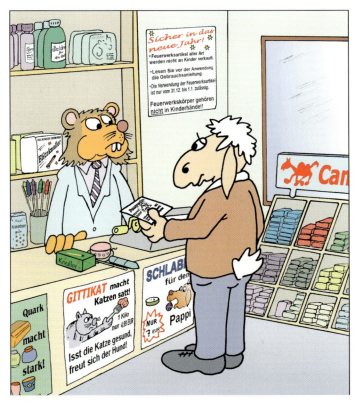

Das Angebot ist riesengroß.
Doch soll man nicht - gedankenlos -
einfach nach jedem Stück fassen.
Es gibt verschiedene Klassen,
die unterteilen alle Sorten
nach Wirkung und Verwendungsorten.

Die Altersgrenze 18 Jahre
für Feuerwerk und and're Ware
mit ähnlichen Gefährdungsgraden
gilt nicht nur für den Kauf im Laden.
Das schließt auch die Verwendung ein;
der Benutzer darf nicht jünger sein.

Knallfrösche

Das Prüfzeichen ist gleichfalls wichtig.
So reagiert Herr Panther richtig:
„Den Böller da, aus fernem Land,
nehme ich nicht in meine Hand.
In solchen nicht geprüften Waren
lauern eventuell Gefahren."

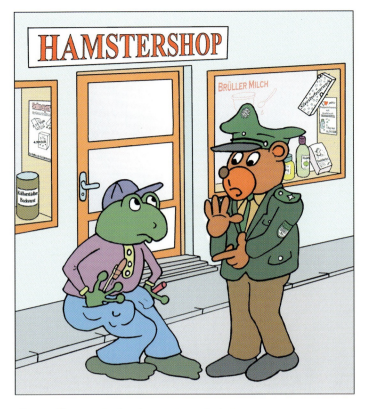

Frank Frosch indes handelt verkehrt.
Sein Leichtsinn wird ihm hier erklärt.
„Die Böller in den Hosentaschen
können dich böse überraschen.
Denk mal d'ran, was dir passiert,
wenn dort ein Böller explodiert!"

Franz Frosch kann es nicht erwarten,
um sein Feuerwerk zu starten.
Doch Felix Bär sagt: „Halt, mein Bester,
heute ist noch nicht Silvester!
Man darf die festgelegten Zeiten
nicht unter- oder überschreiten".

Dem Fabian ist nicht zu trauen,
er will sich eigne Böller bauen.
Zum Glück schreitet Herr Hase ein:
„So dumm kann nur ein Knallfrosch sein!
So was ist sehr gefährlich und
verboten auch, aus gutem Grund".

Knallfrösche

Arno Sachs, der denkt daran,
wie er Gefahr vermeiden kann.
Vom Balkon entfernt er alle Sachen,
die sich gegebenenfalls entfachen
durch Funkenflug und heiße Glut.
Er schließt auch alle Fenster gut.

Der Rauchmelder, leicht installiert,
wird von Herrn Sachs noch kontrolliert.
Ein Rauchmelder ist gar nicht teuer
und piept sehr laut bei Rauch und Feuer.
Liegt man da schlummernd in den Betten,
kann ein solcher Melder Leben retten.

Und ist der Weg auch etwas weit,
nutzt Sachs heut' diese Möglichkeit,
um sein Auto sicher abzustellen.
So bewahrt er es vor Dellen.
Zum Nachbarn sagt er: „Gänserich,
macht dich das Schild nicht nachdenklich?".

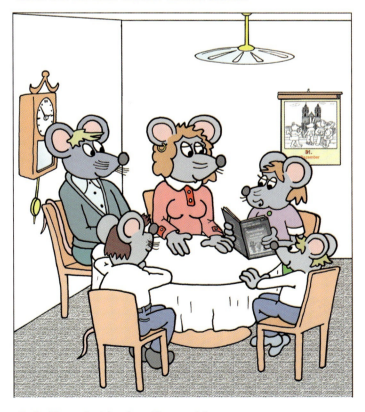

Anja Maus hat in dem Prospekt
der Feuerwehr paar Tipps entdeckt.
Die Eltern nehmen gerne teil
an Anjas kleinem Vortrag, weil
solches Gespräch mit ihren Kindern
hilft, die Gefährdung zu vermindern.

Knallfrösche

Bekanntlich spielen Kinder nicht
mit irgendwelchem off'nen Licht.
Diese Regel gilt, ganz klar,
auch für den letzten Tag im Jahr.
Frau Maus erfüllt mit Übersicht
die gebotene Aufsichtspflicht.

Tischfeuerwerk ist allgemein
sehr beliebt bei Groß und Klein.
Wichtig ist dabei, ohne Frage,
die feuerfeste Unterlage
und Abstand zu den and'ren Dingen,
damit nicht Funken überspringen.

Fontänen, die ja Feuer speien,
verwendet man stets nur im Freien.
Für die Raketen gilt das auch.
Grundsätzlich soll bei dem Gebrauch,
um wirklich niemand zu gefährden,
die Anleitung beachtet werden.

Der Balkon hat sehr viel Holz.
Vater Löwe meint: Was soll's,
die Stelle hier ist sehr bequem.
Doch Kai erklärt ihm das Problem:
„Der Raketenstart schafft Brandgefahr
und der Flug wird unberechenbar".

Knallfrösche

So, mit der Flasche, wird es richtig.
Genau zu zielen ist dabei wichtig.
Die Windrichtung wird auch bedacht.
Auf die Nachbarn geben sie acht.
Bei dem Gewimmel in der Nacht
ist diese Vorsicht angebracht.

Dieser Knaller knallte nicht.
Fred Frosch, mit wenig Übersicht,
fummelt jetzt an ihm herum.
„Fred, du Knallfrosch, bist du dumm!",
stoppt Kater Kurt den Pappenheimer.
„Der Knaller kommt in diesen Eimer!".

Friedel Frosch will hier bezwecken,
dass die Kinder sich erschrecken.
Solch schlechter Scherz, der muss nicht sein.
Deshalb schreitet der Felix ein:
„Das Feuerwerk dient dem Vergnügen
und nicht, um Schaden zu zu fügen!".

Der Marco Schaf trank reichlich Bier,
wird so vom Schaf zum wilden Stier.
Dieser Container ist das Ziel
von Marcos unbedachten Spiel.
So kann sogar ein Brand entstehen.
Frau Bär verhindert das Geschehen.

Knallfrösche

Von dieser Klettertour verspricht
sich Heiko Wurm die beste Sicht
auf das Feuerwerk. Er denkt nicht d'ran,
dass er hier sehr leicht stürzen kann.
Deshalb ruft Felix ihn zurück;
und Heiko hört - das ist sein Glück.

Auf das neue Jahr wird angestoßen.
Mit Sekt begrüßen es die Großen.
Auch Linda und die Anja Maus
tauschen Neujahrsgrüße aus.
Beide sagen „uns zum Wohle!"
und stoßen an, mit Kinderbowle.

Auf das Feiern müssen die verzichten,
die zu uns'rem Wohl heut Dienst verrichten.
Sie haben wenig Arbeit heute,
weil sich die Mehrzahl aller Leute
vernünftig zeigte. Apropos,
ihr Leser, handelt ebenso.

Etwas Pech zum Jahresende
hatte leider Oma Ente.
Ein Tölpel, der Oma unbekannt,
hat die neue Jacke angebrannt.
Sie meldet die Beschädigung
umgehend der Versicherung.

Was tun?

Die Bären lesen fünf Geschichten,
die über Erlebnisse berichten,
bei denen zu entscheiden ist,
ob ihr dazu die Lösung wisst.
Also, Kinder, helft den beiden
Bären, richtig zu entscheiden.

Geschichte Nummer eins beginnt
mit Heiko, dem die Zeit verrinnt.
Ihm fiel heut' das Aufstehen schwer.
Heiko verspätet sich noch mehr,
weil er, zu allem Überdruss,
die Schultasche erst packen muss.

Das Pausenbrot steckt Heiko ein.
Der Schlüssel, wo kann der nur sein?
Er sucht und findet ihn im Flur.
Der Unterricht beginnt acht Uhr.
Als Heiko endlich aus dem Hause geht,
ist es eigentlich schon viel zu spät.

„Hab' ich jetzt alle Sachen mit?",
denkt Heiko und im Sauseschritt
eilt er zur Schule voller Hast.
Damit er nicht die Zeit verpasst
gleicht sein Gehen mehr dem Sprinten.
Ein Auto nähert sich von hinten.

Was tun?

Das Auto hält an Heikos Seite.
„Gestatte, dass ich dich begleite.
Die Lauferei kannst du dir sparen,
ich werde dich zur Schule fahren",
so spricht der fremde Autofahrer dann
den Heiko Wurm ganz freundlich an.

Der Fremde wirkt als netter Mann.
Ob man ihm wohl vertrauen kann?
So könnte Heiko pünktlich sein.
Doch, steigt er in das Auto ein?
Was rät man dir für solche Fälle?
Entscheide dich an Heikos Stelle!

In der Schule ist jetzt Pausenzeit,
für Anja Maus Gelegenheit,
die Toilette aufzusuchen.
Anja Maus aß zu viel Kuchen
mit den leck'ren Erdbeerstücken.
Naja, jetzt muss sie sich verdrücken.

Anjas Ziel liegt, wie wir sehen,
etwas abseits vom Geschehen.
Als das Mädchen um die Ecke biegt,
hinter der die Toilette liegt,
erkennt die Anja Maus sofort:
Es stimmt was nicht an diesem Ort.

Was tun?

Zwei Größere halten Eick Hase,
ein Dritter boxt ihn auf die Nase.
Eick Hase kann sich nicht befreien,
keiner hört sein „Hilfe!" schreien.
Anja verabscheut Prügelei.
Doch kann sie helfen, gegen drei?

Wie wird sich Anja jetzt verhalten?
Sie hat Angst vor den Gestalten,
die den Hasen brutal schlagen.
Soll sie es rasch dem Lehrer sagen?
Ist es sicherer, einfach weg zu gehen,
so, als wäre nichts geschehen?

Die Kinder warten momentan
auf die nächste Straßenbahn.
Sie wissen, dass man Bahn und Bus
auf jeden Fall bezahlen muss.
Auch Eick Hase will nicht laufen.
Wir sehen ihn beim Fahrschein kaufen.

Eick steigt in die Bahn hinein
und entwertet gleich den Schein.
Er schaut zur Anja; die sagt: „Warte,
ich habe meine Monatskarte".
Die sucht auch Uwe unterdessen.
Doch er hat sie zu Haus' vergessen.

Was tun?

Das ärgert Uwe Panther sehr.
Sein Portmonee, das ist nicht leer;
doch die Verwendung von dem Taschengeld
hat er sich ganz anders vorgestellt.
Billig ist ein Fahrschein nicht.
Was macht er jetzt, der arme Wicht?

Der inn're Schweinehund, der spricht:
Nicht jeder wird ja gleich erwischt.
Das Gewissen aber sagt: Sei klug,
Schwarzfahren, das gleicht dem Betrug;
lass dich dazu nicht verleiten.
Wie wird sich Uwe jetzt entscheiden?

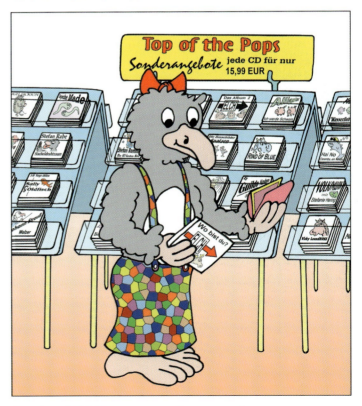

Tanja hat, nach schweren Stunden,
jetzt ihren Freundeskreis gefunden.
Das sind Fred Geier, Anja Maus,
auch mit Kai Löwe kommt sie aus.
Tanja Pinguin ist sehr froh,
denn das war nicht immer so.

Bei SPARSTADT, an dem Musikstand,
nimmt Tanja die CD zur Hand.
Die Boygroup ELCH, zur Zeit modern,
hört Tanja ganz besonders gern.
Sie sieht, als sie das Geld vergleicht,
dass es für die CD nicht reicht.

Was tun?

Fred Geier sagt: „Stecke sie rasch ein,
wenn sie dir fehlt zum Glücklichsein.
Ich habe es mich auch getraut
und hier eine CD geklaut.
Du brauchst dich nicht zu zieren,
was soll dir schon passieren".

Kai sagt: „Für solchen großen Laden
ist die CD gewiss kein Schaden.
Du bist mit uns, deshalb zeige
Mut und sei doch nicht so feige.
Sei clever, beweise jetzt mit List,
dass du Teil unserer Gruppe bist".

Hört Tanja auf den Rat der beiden?
Wird sie sich dafür entscheiden,
die CD einfach zu stehlen?
Oder wird sie den Weg wählen,
Geld zu sparen, damit sie dann
die CD später kaufen kann?

Als Freund des Hauses geht Ralf Maus
bei Familie Katze ein und aus.
Die Linda kann zwar Mäuse leiden,
doch Ralf, den möchte sie gern meiden.
Denn, ist sie mal mit Ralf allein,
kann dieser ziemlich ekelig sein.

Was tun?

Hier grapscht er Linda an den Po
und sagt zu ihr: „Hab dich nicht so,
ich will nur ein paar Zärtlichkeiten.
Die werden auch dir Spaß bereiten.
Es soll unser Geheimnis sein.
Petzen bringt nur Ärger ein."

Solches Tun mag Linda nicht.
Das sagt sie Ralf auch ins Gesicht.
Ralf Maus indes lässt sich nicht stören
und scheint einfach nicht hin zu hören.
Er fühlt sich als der starke Mann,
dem niemand widerstehen kann.

Wie soll sich Linda jetzt entscheiden?
Nichts sagen und so Streit vermeiden,
der mit Ralf Maus gewiss ausbricht,
wenn Linda mit den Eltern spricht?
Welchen Weg wird Linda wählen?
Schweigen? Oder es erzählen?

„Heiko stieg nicht in das Auto ein;
Anja ließ Eick Hase nicht allein;
auch Uwe zeigte Übersicht
und Tanja stahl die CD nicht.
Linda verschwieg nicht, was sie quält.
Das habt ihr als Antwort auch gewählt!"

Mit BÄRlook Holmes auf der Spur
Wie verhalte ich mich richtig?

BÄRlook Holmes

BÄRlook Holmes muss gut beobachten können.
Wieviele Unterschiede erkennst du zwischen Bild 1 und Bild 2?
Kreuze die Lösung im Kästchen links an!

Sind es: 3 ☐
? 11 ☐
6 ☐

Bild 1

Bild 2

Welche der hier abgebildeten Dinge gehören **NICHT** in Kinderhand?

Trage die Anzahl in das Kästchen ein.

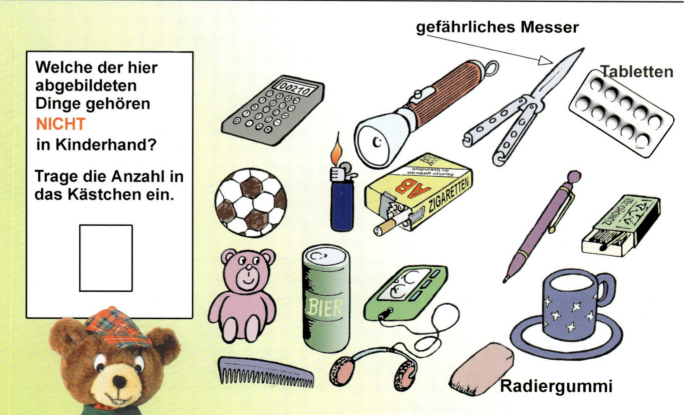

gefährliches Messer
Tabletten
Radiergummi

BÄRlook Holmes konnte bei einem Diebstahl aus der Gartenlaube diesen Schuhabdruck feststellen.
Zu welchem Schuh gehört der Abdruck?

Kreuze die richtige Nummer an.

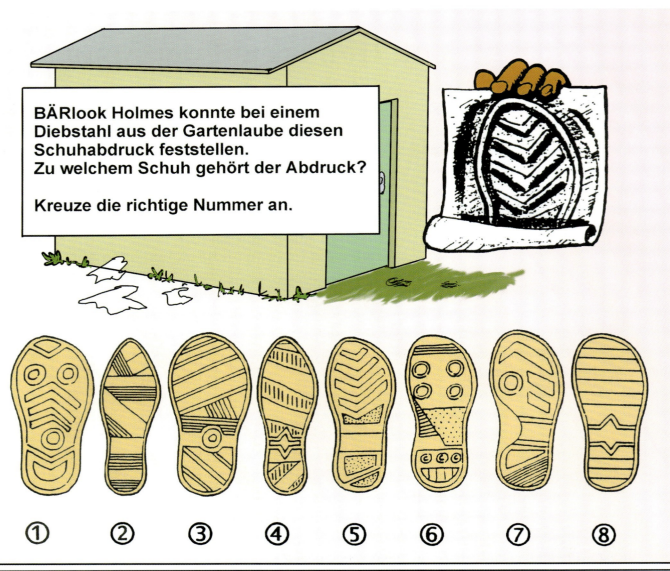

Wer wird mit welcher Telefonnummer gerufen?
Trage die richtige Telefonnummer unter die Autos ein.

Hier begegnet dir Ingo Amsel mit seinem Fahrrad. Was meinst du dazu? Kreuze deine Antwort an.

○ Ich finde es toll, wie der Ingo fährt. Er ist ein richtiger Held.

○ Die Hände gehören an den Lenker. So, wie der Ingo fährt, kann man sehr leicht stürzen und sich verletzen.

○ Der leichtsinnige Ingo trägt auch keinen Fahrradhelm. Das finde ich nicht gut.

Du siehst, wie der Kai Löwe den Ingo Maus schlägt. Was machst du jetzt?

○ Ich gehe einfach weiter, denn ich bin ja nicht der Ingo Maus.

○ Ich werde Hilfe bei einem Lehrer oder einem anderen Erwachsenen holen, damit der die Prügelei beendet.

○ Ich versetze dem Ingo auch einen Schlag, denn er kann sich ja jetzt nicht wehren.

Dein Freund Uwe Panther macht gerne fremde Sachen kaputt. Was denkst du darüber?

○ Ich freue mich über Uwe, weil er andere Leute ärgert.

○ Ich schaue einfach weg, weil diese Sachen ja nicht mir gehören.

○ Ich sage ihm, dass seine Zerstörungswut dumm und sinnlos ist und versuche, solchen Schaden zu verhindern.

Die Bärenkinder sind allein zu Hause.
Es klingelt. Ein Fremder steht vor der Wohnungstür und bittet um Einlass. Wie entscheiden die Kinder?

○ Sie bitten den Fremden in die Wohnung, den er wirkt so freundlich.

○ Kinder lassen fremde Personen **grundsätzlich nicht in die** Wohnung, egal, welchen Grund diese auch nennen. Und sie öffnen auch nicht die Tür.

○ Sie fragen, was er will. Und wenn er nur ein Glas Wasser möchte, darf er eintreten.

Dirk Ratte möchte Abenteuer erleben.
Hier spielt er auf den Eisenbahnschienen.
Was meinst du zu seinem Handeln?

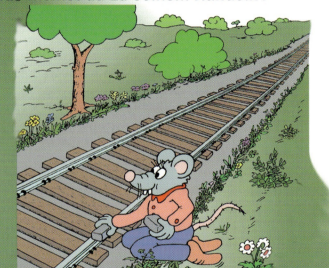

○ Eisenbahnanlagen sind kein Spielplatz! Der Aufenthalt in diesen Bereichen ist gefährlich und verboten.

○ Was soll schon passieren! Ein Zug ist groß und laut. Da kann man immer rechtzeitig beseite springen.

○ Dirk beweist hier großen Mut. Wenn er das am nächsten Tag anderen Kindern erzählen kann, werden sie ihn bewundern.

Die Bärenkinder sind mit dem Fahrrad unterwegs.
Da sehen sie Oma Ente liegen. Diese ist offenbar gestürzt. Was werden die Kinder tun?

○ Sie fahren einfach weiter, denn sie haben ja mit der Ente nichts zu tun.

○ Felix Bär steckt sich die Brille der Ente ein. Die braucht sie ja jetzt nicht. Zu Hause werden sie den Eltern über ihr Erlebnis erzählen.

○ Sie werden der Ente Hilfe leisten und je nach Situation Erwachsene verständigen oder selbst über die Nummer 112 den Rettungsdienst anfordern.

Das Pinguin - Mädchen stammt vom Südpol und isst im Gegensatz zu Maik Hase gerne Fisch. Sie kleidet sich auch anders. Deshalb werden die drei:

○ Sich nicht anders verhalten wie untereinander oder gegenüber Kai Löwe, Rene Fuchs und allen anderen Kindern.

○ Um den Pinguin einen großen Bogen machen. Man darf solchen Fremden nicht trauen.

○ Das Mädchen beschimpfen und schlagen, damit es rasch zu seinem Südpol zurück kehrt. Fremde riechen und nehmen „uns" die Arbeit weg!

Anja Maus wird ständig von Ihrem Onkel Ralf unangenehm belästigt. Er will sie küssen, greift an ihren Po und lässt das einfach nicht sein. Was soll Anja Maus tun?

○ Weiter still halten. Der Ralf ist ja jemand aus der Familie. Da petzt man nicht und so schlimm ist das ja noch nicht.

○ Anja wird darüber mit ihren Eltern, der Oma oder einer anderen Vertrauensperson sprechen, damit dem fiesen Treiben von Ralf ein Ende gesetzt wird.

○ Sie wird weiter schweigen, den sie schämt sich, darüber zu sprechen. Vielleicht ist es ja auch ihre Schuld?

Rollstuhlfahrer Pierre Pelikan hat offensichtlich mit der hohen Bordkante Mühe. Kai Löwe sieht das und wird:

○ Einfach weiter gehen. Der Pelikan kann nicht Fußball spielen oder Ringen. Der interessiert Kai nicht.

○ Mitleidig lächeln und dann darauf vertrauen, dass die Oma Ente das regelt. Kai ist ja nicht für Behinderte zuständig.

○ Kai hilft ganz selbstverständlich. Er erwartet ja auch, dass ihm andere zur Seite stehen, wenn er mal Hilfe benötigt.

Dem 11-jährigen Uwe Panther wird hier eine Büchse Bier angeboten. Wie handelt Uwe richtig?

○ Uwe nimmt das Geschenk an. Geschenke darf man ja nicht ablehnen, oder?

○ Uwe lehnt das Angebot ganz entschieden ab. Er weiß, dass Alkohol für Kinder sehr schädlich ist.

○ Uwe trinkt die Büchse ganz schnell aus, damit es keiner sieht, weil es ja verboten ist.

Uwe Panther will hier Zigaretten kaufen. Der Verkäufer sagt:

○ „Das freut mich aber, brauchst du nicht auch noch Streichhölzer?"

○ „Hier hast du sie. Aber rauche bitte nicht vor meinem Laden."

○ „Zigaretten verkaufe ich dir nicht, du bist noch keine 16 Jahre alt!"

Ist Jutta Erpel müde, nimmt sie Tabletten. Kann sie nicht schlafen, nimmt sie andere Tabletten. Eigentlich nimmt sie immer und gegen alles Tabletten. Das ist:

○ Auf Dauer sehr schädlich. Jutta sollte prüfen, ob sie nicht durch Sport und Spiel ihre Lebensweise ändern kann.

○ Sehr gesund; Tabletten helfen immer gegen alles, das lehrt uns doch auch das Fernsehen.

○ Sehr richtig, die Apotheken müssen ja ihre Medikamente auch verkaufen.

Uwe Panther hat seine Monatskarte für die Straßenbahn vergessen. Wie soll er sich verhalten?

○ Uwe fährt einfach mit. Heute wird bestimmt nicht kontrolliert.

○ Uwe muss gut aufpassen, damit er den Kontrolleur rechzeitig erkennt und vorher rasch aussteigen kann.

○ Uwe wird von seinem Taschengeld einen Fahrschein kaufen, auch wenn das für ihn sehr ärgerlich ist.

Tanja Pinguin entdeckt am Musikstand die neue CD ihrer Lieblingsgruppe ELCH. Doch: Ihr Geld reicht nicht. Was jetzt?

○ Man kann jede CD auch später noch erhalten. Tanja wird jetzt sparen und dann, wenn das Geld reicht, diese CD kaufen.

○ Tanja wird gut aufpassen, dass sie niemand beobachtet. Dann steckt sie sich die CD ein und geht ohne zu bezahlen aus dem Geschäft.

○ Tanja wird Fred Geier darum bitten, diese CD für sie zu stehlen. Fred ist mutig und hat so etwas schon öfter getan. Und wenn er ihr Freund bleiben soll, ist das ja ein Freundschaftsbeweis.

Ein fremder Autofahrer bietet dem Heiko Wurm an, ihn in seinem Auto mitzunehmen. Wie wird sich Heiko Wurm verhalten?

○ Heiko steigt in das Auto ein, denn der Fremde wirkt so nett und bietet ihm sogar Bonbons an.

○ Heiko sagt nein und lässt sich nicht auf das Angebot ein. Er kennt den Mann nicht und da ist Vorsicht immer besser.

○ Heiko steigt ein. Aber er fragt den Mann vorher nach seinem Namen und merkt sich auch die Autonummer.

Anja Maus wird am frühen Morgen von einem fremden Autofahrer angesprochen. Weit und breit ist kein anderer zu sehen. Deshalb wird

○ Anja Maus ganz dicht an das Auto heran treten, um den unbekannten Fahrer besser verstehen zu können!

○ Anja Maus in das Auto einsteigen. Das ist bequemer und so kann sie die Fragen des Unbekannten in Ruhe beantworten.

○ Anja Maus die Fragen beantworten, dabei aber auf einen ausreichenden Abstand achten. Etwas Vorsicht ist immer gut und so kann sie der Fremde nicht berühren.

Anja Maus wollte einer fremden Person eine Auskunft geben. Plötzlich greift dieser Fremde nach ihr. Jetzt wird die Anja Maus

○ sich wehren und ganz, ganz laut um Hilfe rufen, denn dadurch werden andere Personen auf ihre Situation aufmerksam und helfen ihr.

○ abwarten und sich ganz still verhalten. So ist sie ja lieb und brav. Lieben Kindern passiert ja nichts, denkt sie.

○ vor Angst ganz still sein und darauf vertrauen, dass der Autofahrer sie dann in Ruhe lässt. Später wird sie das Erlebnis den Eltern erzählen.

Felix Bär sieht, wie der Kai Löwe die kleine Anja Maus misshandelt und demütigt. Felix

○ geht einfach weiter. Er kennt Kai Löwe und weiß, dass der gerne mal zuhaut. Der wird schon wissen, was er macht.

○ vertraut darauf, dass Torsten Specht sich um die Sache kümmert. Felix hat dafür jetzt keine Zeit, weil er mit Heiko Wurm verabredet ist und sich nicht verspäten will.

○ greift sofort ein und hilft der Anja. Der gut trainierte Felix weiß, dass er dem rauflustigen Kai gewachsen ist und er hier sofort handeln muss.

Peter Dunsch

- 1947 im Chemiestandort Leuna als Erstlingswerk zweier eng vertrauter Menschen das dort reichlich graue Licht der kalten Welt erblickt, 1954 zum Schulkind ernannt, drei Jahre später Umsiedlung in die ehemalige Stadt der Arbeit und der leichten Mädchen Zeitz
- trotz hormonell beeinflußter Schwärmereien zu Pfarrerstöchtern als FRÖSI-Leser die Entscheidung zum blauen Halstuch und einer späteren gleichfarbigen Bluse
- 1964 zur beidseitigen Erleichterung die Trennung von der Schule und ihren Lehrern, seitdem weniger Zeit für Malerei und dumme Späße, drei Jahre später, durch den Duft von Chlorfluorkohlenwasserstoffen vorbelastet, folgerichtig in der Chemiestadt Wolfen zum BMSR-Mechaniker gekürt
- aus familiärer Tradition ab 1967 Berufsfeuerwehrmann im Hydrierwerk Zeitz, mit dem Jahr 1991 Ingenieur des Brandschutz und Lehrer an der Feuerwehrschule Heyrothsberge bei Magdeburg
- seit 1977 Träger des z. Z. wenig attraktiven Titels Diplomlehrer für Marxismus-Leninismus
- nach Lehrtätigkeit an der Polizeischule in Mosambik (1978-1981) trotz versehentlichem Kurzaufenthalt in der freien Welt Südafrika Rückkehr in die DDR und zur Feuerwehr, seit 1. Januar 1990 über die Ausbildung von Kollegen gegen Verkehrssünder im Polizeidienst
- in Weiterführung frühkindlicher Neigungen ab 1982 erste Karikaturen in Feuerwehr- und Polizeizeitungen und die Erlangung der Erkenntnis, dass pures autodidaktisches Wirken nicht befriedigt; Beschulungen in einem Magdeburger Zeichenzirkel und bei W. Paulke sowie dem hallenser Karikaturisten A. Epperlein bis 1989
- Frühjahr 1990 das Stempelchen von der zentralen Gutachterkommission Bildende Kunst (der noch-DDR) in Berlin für künstlerische Honorartätigkeit; Prüfungsthema in Form der Vorlage gezeichneter Belege war das "TROJANISCHE PFERD", 1991 mit „Wasser Marsch" das erste eigene Büchlein und die Grundidee zur nachfolgenden Malheftserie für Kinder
- seit 1993 im Landeskriminalamt Sachsen-Anhalt beschäftigt, dort mit Fragen der Kinder- und Jugendkriminalität betraut; vermutlich einziger Kriminalist, der in der Dienstzeit mit dem Segen seiner Obrigkeit Strichmänner zeichnen darf; seit 1995 Schöpfer der LKA-Malheftserie „Das bärenstarke Ausmalheft" für Kriminalprävention im Kindesalter, das allein in Sachsen-Anhalt mit über einer 1.000000. Exemplare seine kleinen und großen Leser gefunden hat
- Illustrator der Erzählungsbände „Was Nonnemann in der Hose hat" von Martin Meißner und „Ich bin nüchtern, aber in Behandlung" von U.S.Levin sowie der Ausgabe „Oh Solo mio. Satirische Figuren" von Lothar Bölck

Lothar Bölck
Mit der Macht ist der Mensch
nicht gern alleine.
Aphorismen, Sprüche mit
Karikaturen von Gottfried Scheffler
3-932090-89-6, Preis 7,60 Euro

Lothar Bölck
Ein echter Fuffziger.
365 Kalenderabrisse
satirische und andere Notizen mit
Karikaturen von Manfred Bofinger
3-935358-53-9, Preis 8,00 Euro

Lothar Bölck
Oh Solo Mio. Satirische Figuren
mit Zeichnungen von Peter Dunsch
3-935358-77-6, Preis 10,10 Euro

Peter Dunsch – Trojanische Pferde
3-932090-90-X, Preis 7,00 Euro

Gunter Preuß
Vom armen Schwein...
Eine deutsch-deutsche Groteske mit
Zeichnungen von Manfred Bofinger
3-935358-66-0, Preis 10,10 Euro

Martin Meißner
Was Nonnemann in der Hose hat.
Satiren aus dem wilden Osten
mit Illustrationen
von Peter Dunsch
3-935358-10-5 Preis 10,10 Euro

U. S. Levin
Ich bin nüchtern,
aber in Behandlung
mit Zeichnungen
von Peter Dunsch
3-935358-69-5, Preis 10,10 Euro

Rainer Schulze
Eigendorff - oder Der Mann,
der nicht nein sagen konnte.
Erzählungen mit Grafiken
von Helmut Biedermann
3-932090-18-7, Preis 12,70 Euro

Das Buch entstand mit freundlicher Unterstützung
der ÖSA Sachsen-Anhalt, der WACOM Europa GmbH,
des DIFA-Forums e.V., des Ministeriums des Innern des Landes Sachsen-Anhalt
und des Landeskriminalamtes Sachsen-Anhalt.

Besonderer Dank gilt meiner Frau für ihre Geduld.

Die Deutsche Bibliothek - cip-Einheitsaufnahme

Dunsch, Peter:
Super Tipps vom Bär mit Grips. Bild(ungs)geschichten für Kinder /
Peter Dunsch. – Oschersleben : Ziethen, 2004
ISBN 3-935358-98-9

Diese Ausgabe einschließlich aller ihrer Teile ist urheberrechtlich geschützt. Jede Verwertung außerhalb der engen Grenzen des Urheberrechtsgesetzes ist ohne Zustimmung des dr. ziethen verlages unzulässig und strafbar. Das gilt insbesondere für Vervielfältigungen, Übersetzungen, Mikroverfilmungen und die Einspeicherung und Verarbeitung in elektronischen Systemen.

© dr. ziethen verlag
Friedrichstraße 15a, 39387 Oschersleben
Telefon 03949 - 4396, Fax 03949 - 500 100
www.dr-ziethen-verlag.de, e-Mail info@dr-ziethen-verlag.de
2004

Layout Peter Dunsch
Alle Zeichnungen wurden auf einem WACOM-Tablett gefertigt.
Satz mit QuarkXPress auf Macintosh
Schrift Comic Sans MS
Druck Druckerei Gemi, Prag
ISBN 3-935358-98-9